La Pasión de nuestro Señor Jesucristo

Las últimas 24 horas, reveladas a la beata Luisa Piccarreta

© Berakoth Ediciones
J. L. Lozano 6424 Col. Fidel Velázquez
Monterrey, N.L., México C.P. 64119
Tel. 52 (81) 8344-4345
E-mail: informacion@berakoth.com.mx
www.berakoth.com.mx

ISBN: 978-607-00-5590-4
Primera edición: 2012

Impreso en México

ÍNDICE

3

INTRODUCCIÓN

Las verdades y conocimientos de estos escritos, fueron revelados por Jesús a la Sierva de Dios, Luisa Piccarreta, nacida el 23 de abril de 1865, en la ciudad de Corato, en Bari, Italia.

A la edad de 17 años, Luisa hizo una novena de preparación para la Navidad y después de haberla terminado, Jesús la invitó a meditar de manera continua las últimas 24 Horas que sufrió durante su Pasión, comenzando desde el momento en que se despidió de su Madre, hasta terminar en el instante en que fue sepultado.

En cada Hora de su Pasión, Jesús nos invita a hacerle compañía y brindarle consuelo con nuestro amor. Conforme vayamos penetrando cada escena, cada palabra, cada verdad y cada sufrimiento, iremos comprendiendo cuán grande ha sido el amor de Dios, para llegar a amarlo como merece ser amado.

En estas 24 Horas reveladas a "La Pequeña Hija de la Divina Voluntad", conoceremos la Pasión que vivió Jesús; todos aquellos sufrimientos íntimos y ocultos a los ojos de todas las criaturas: su Pasión interna. Al meditarlas nos unimos a Jesús, para hacer lo mismo que Él hacía durante cada una de las escenas de su Pasión; así, haremos nuestras, sus mismas oraciones, intenciones y reparaciones, para poder junto con Él, elevarlas al Padre por la salvación y el bien de toda la humanidad.

"Luisa, la Santa", vivió una vida de oración y sufrimiento. Bajo el cuidado de confesores designados por su Obispo, desde el año de 1884, llena de mérito, muere cobijada por la Santa Iglesia, el 4 de marzo del 1947, bajo la luz eterna del divino Querer.

Después de vivir de manera continua estas Horas de la Pasión por más de treinta años, San Aníbal María di Francia, confesor de Luisa, habiendo sido nombrado por la autoridad competente Censor Eclesiástico para los escritos de Luisa Piccarreta, le impuso en virtud de la santa obediencia, poner por escrito estas meditaciones. Viendo la riqueza de su contenido y vislumbrando todo el bien que haría, San Aníbal otorga el *Nihil Obstat* y el *Imprimátur* del Arzobispo Mons. Giuseppe M. Leo, en 1926.

Relojes Vivientes

Es un método de oración para meditar las 24 Horas, en un tiempo establecido, ya sea individual o en grupo de 24 personas, organizando de la siguiente manera:

- Asignar una Hora (1-24) para cada una de las 24 personas.
- Establecer el tiempo que habrá entre cada meditación de la Hora. Puede ser diario, semanal, etc.
- Cada persona avanzará su Hora, a la Hora siguiente, según el tiempo establecido. Es decir, si le toca la Primera Hora y se definió que se meditará semanalmente, la segunda semana, realizará la Segunda Hora, y así sucesivamente.
- Además, cada persona puede elegir la hora más indicada durante su día, para hacer la meditación de su Hora.

LAS HORAS DE LA PASIÓN

Oración inicial *(antes de cada Hora)*
Oh Señor mío Jesucristo, postrada ante tu divina presencia, suplico a tu amorosísimo Corazón, que quieras admitirme a la dolorosa meditación de las Veinticuatro Horas, en las que por nuestro amor quisiste padecer, tanto en tu cuerpo adorable como en tu alma santísima, hasta la muerte de Cruz. Ah, dame tu ayuda, gracia, amor, profunda compasión y entendimiento de tus padecimientos, mientras medito ahora la Hora *(menciona la Hora)*. Por las que no puedo meditar, te ofrezco la voluntad que tengo de meditarlas, y quiero en mi intención, meditarlas durante las horas en que estoy obligada a dedicarme a mis deberes o a dormir. Acepta, oh misericordioso Señor, mi amorosa intención y haz que sea de provecho para mí y para muchos, como si en efecto, hiciera santamente todo lo que deseo practicar.

Gracias te doy, oh mi Jesús, por llamarme a la unión contigo por medio de la oración. Y para agradecerte mejor, tomo tus pensamientos, tu lengua, tu corazón y con éstos, quiero orar, fundiéndome toda en tu voluntad y en tu amor, y extendiendo mis brazos para abrazarte y apoyando mi cabeza en tu corazón, empiezo... *(menciona la Hora)*.

Oración de Ofrecimiento *(después de cada Hora)*

Amable Jesús mío, Tú me has llamado en esta Hora de tu Pasión, a hacerte compañía y yo he venido. Me parecía sentirte angustiado y doliente que orabas, que reparabas y sufrías; y que con las palabras más elocuentes y conmovedoras, suplicabas la salvación de las almas. He tratado de seguirte en todo, y ahora, teniendo que dejarte por mis habituales obligaciones, siento el deber de decirte: "Gracias" y "Te bendigo". Sí, oh Jesús, gracias te repito mil y mil veces y te bendigo por todo lo que has hecho y padecido por mí y por todos. Gracias y te bendigo por cada gota de sangre que has derramado, por cada respiro, por cada latido, por cada paso, palabra y mirada, por cada amargura y ofensa que has soportado. En todo, oh Jesús mío, quiero besarte con un "Gracias" y un "Te bendigo". Ah Jesús, haz que todo mi ser te envíe un flujo continuo de gratitud y de bendiciones, de manera que atraiga sobre mí y sobre todos, el flujo continuo de tus bendiciones y de tus gracias. Ah Jesús, estréchame a tu Corazón y con tus manos santísimas, séllame todas las partículas de mi ser, con un "Te bendigo", para hacer que no pueda salir de mí, otra cosa sino un himno de amor continuo hacia ti.

Dulce amor mío, debiendo atender a mis ocupaciones, me quedo en tu Corazón. Temo salir de él, pero Tú me mantendrás en él, ¿cierto? Nuestros latidos se tocarán sin cesar, de manera que me darás vida, amor y estrecha e inseparable unión contigo. Ah te ruego, dulce Jesús mío, si ves que alguna vez estoy por dejarte, que tus latidos se sientan más fuertemente en los míos, que tus manos me estrechen más fuertemente a tu Corazón, que tus ojos me miren y me lancen saetas de fuego, para que sintiéndote, me deje atraer a la mayor unión contigo. Oh Jesús mío, mantente en guardia, para que no me aleje de ti. Ah bésame, abrázame, bendíceme, y haz junto conmigo, lo que debo ahora hacer.

Primera Hora: 5 a 6 de la tarde
Jesús se despide de su santísima Madre

Oh Mamá celestial, ya se acerca la hora de la separación y yo vengo a ti. Oh Madre, dame tu amor y tus reparaciones, dame tu dolor, pues junto contigo quiero seguir paso a paso al adorado Jesús. Y he aquí que Jesús viene y Tú, con el alma rebosante de amor, corres a su encuentro; pero al verlo tan pálido y triste, el corazón se te oprime por el dolor; las fuerzas te abandonan y estás a punto de desmayarte a sus pies. Oh dulce Mamá ¿sabes para qué ha venido a ti, el adorable Jesús? Ah, ha venido para decirte su último adiós, para decirte una última palabra y para recibir tu último abrazo.

Oh Mamá, me estrecho a ti con toda la ternura de que es capaz mi pobre corazón, para que estrechada y unida a ti, pueda yo también recibir los abrazos del adorado Jesús. ¿Me desdeñas acaso, Tú? ¿No es más bien un consuelo para tu Corazón, tener un alma a tu lado y que comparta contigo las penas, los afectos y las reparaciones?

Oh Jesús, en esta Hora tan desgarradora para tu tiernísimo Corazón, qué lección nos das, lección de filial y amorosa obediencia para con tu Madre. ¡Qué dulce armonía la que hay entre María y Tú! ¡Qué suave encanto de amor, que sube hasta el Trono del Eterno y se extiende para salvar a todas las criaturas de la tierra!

Oh celestial Madre mía, ¿sabes lo que quiere de ti, el adorado Jesús? No quiere otra cosa sino tu última bendición. Es verdad que de todas las partículas de tu ser, no salen sino bendiciones y alabanzas al Creador, pero Jesús, al despedirse de ti, quiere oír esas dulces palabras: "Te bendigo, oh Hijo". Y este "Te bendigo", apaga en sus oídos todas las blasfemias, y desciende dulce y suave a su Corazón. Y como para poner una defensa entre todas las ofensas de las criaturas, Jesús quiere de ti, tus palabras: "Te bendigo". Y yo me uno a ti, oh dulce Mamá, y en las alas de los vientos, quiero recorrer el cielo, para pedir al Padre, al Espíritu Santo y a todos los Ángeles, un "Te bendigo" para Jesús, a fin de que, yendo a Él, le pueda llevar sus bendiciones. Y aquí en la tierra, quiero ir a todas las criaturas, y obtener de cada boca, de cada latido, de cada paso, de cada respiro, de cada mirada, de cada pensamiento, bendiciones y alabanzas a Jesús; y si ninguna me las quiere dar, yo quiero darlas por ellas.

Oh dulce Mamá, después de haber recorrido y girado por todo, para pedir a la sacrosanta Trinidad, a los Ángeles, a todas las criaturas, a la luz del sol, al perfume de las flores, a las olas del mar, a cada soplo de viento, a cada llama de fuego, a cada hoja que se mueve, al centellar de las estrellas, a cada movimiento de la naturaleza; un "Te bendigo", vengo a ti y uno mis bendiciones a las tuyas.

Dulce Mamá, veo que recibes consuelo y alivio, y ofreces a Jesús todas mis bendiciones, en reparación por todas las blasfemias y maldiciones que recibe de las criaturas. Pero mientras te ofrezco todo, oigo tu voz temblorosa que dice: "Hijo, bendíceme también Tú". Y yo le digo, oh dulce Jesús mío, bendíceme a mí también al bendecir a tu Madre. Bendice mis pensamientos, mi corazón, mis manos, mis pasos y todas mis obras; y bendiciendo a tu Madre, bendice a todas las criaturas.

Oh Madre mía, al ver el rostro dolorido de Jesús, pálido, acongojado y triste, se despierta en ti el pensamiento de los dolores, que dentro de poco habrás de sufrir. Prevés su rostro cubierto de salivazos y lo bendices, su cabeza traspasada por las espinas, sus ojos vendados, su cuerpo destrozado por los flagelos, sus manos y sus pies atravesados por los clavos, y adonde quiera que Él está a punto de ir, Tú lo sigues con tus bendiciones. Y junto contigo yo también lo sigo. Cuando Jesús sea golpeado por los flagelos, traspasado por los clavos, golpeado, coronado de espinas; en todo encontrará junto con tu "Te bendigo", el mío.

Oh Jesús, oh Madre, te compadezco. Inmenso es tu dolor en estos últimos momentos, tan inmenso que parece que el corazón del uno, arranque el corazón del otro. Oh Madre, arranca mi corazón de la tierra y átalo fuerte a Jesús, para que, estrechado a Él, pueda tomar parte en tus dolores. Y mientras lo estrechas, lo abrazas y le diriges las últimas miradas y los últimos besos, estando yo en medio de sus dos Corazones, pueda yo recibir tus últimos besos y tus últimos abrazos. ¿No ves que no puedo estar sin ustedes, a pesar de mis miserias y frialdades? Jesús, Madre mía, ténganme estrechada a ustedes, otórguenme su amor, su querer, flechen mi pobre corazón, estréchenme entre sus brazos, y junto contigo, oh dulce Madre, quiero seguir paso a paso al adorado Jesús, con la intención de darle consuelo, alivio, amor y reparación por todos.

Oh Jesús, junto con tu Madre te beso el pie izquierdo, suplicándote que quieras perdonarme a mí y a todas las criaturas, por todas las veces que no hemos caminado hacia Dios. Beso tu pie derecho, pidiéndote me perdones a mí y a todas las criaturas, por todas las veces que no hemos seguido la perfección que Tú querías de nosotras. Beso tu mano izquierda, pidiéndote nos comuniques tu pureza. Beso tu mano derecha, pidiéndote me bendigas todos mis latidos, mis pensamientos, los afectos; para que recibiendo el valor de tu bendición, sean todos santificados. Y bendiciéndome a mí, bendice también a todas las criaturas, y con tu bendición, sella la salvación de sus almas.

Oh Jesús, junto con tu Madre te abrazo, y besándote el Corazón, te ruego que pongas en medio de sus dos Corazones, el mío, para que se alimente continuamente de sus amores, de sus dolores, de sus mismos afectos y deseos; en suma, de su misma vida. Así sea.

SEGUNDA HORA: 6 A 7 DE LA TARDE
JESÚS SE ALEJA DE SU MADRE SANTÍSIMA, Y SE ENCAMINA AL CENÁCULO

Jesús mío, adorable, mientras tomo parte junto contigo en tus dolores y en los de tu afligida Madre, veo que te decides a partir para encaminarte adonde el Querer del Padre te llama. Es tan grande el dolor entre Hijo y Madre, que los hace inseparables, por lo que Tú te quedas en el Corazón de tu Mamá y la dulce Mamá y Reina, se deja en el tuyo; de lo contrario, hubiera sido imposible separarlos. Pero después, bendiciéndose mutuamente, Tú le das tu último beso para darle fuerzas en los amargos dolores que va a sufrir, le dices tu último adiós y partes. Pero la palidez de tu rostro, los labios temblorosos, tu voz sofocada como si fueras a romper en llanto al decirle adiós. Ah, todo esto me dice cuánto la amas, y lo que sufres al dejarla. Pero para cumplir la Voluntad del Padre, con sus Corazones fundidos el uno en el otro, a todo te sometes queriendo reparar por aquellos, que por no vencer las ternuras de los familiares o amigos, o los vínculos y los apegos a las criaturas, no se preocupan por cumplir el Querer de Dios, y corresponder al estado de santidad al que Dios los llama. Qué dolor te dan estas almas, al rechazar de sus corazones, al amor que quieres darles, y se contentan con el amor de las criaturas.

Amable amor mío, mientras reparo contigo, permite que me quede con tu Mamá, para consolarla y sostenerla mientras Tú te alejas; después apresuraré mis pasos para alcanzarte.

Pero con sumo dolor mío, veo que mi angustiada Mamá tiembla, y es tanto su dolor, que mientras trata de decir adiós al Hijo, la voz se le apaga en los labios y no puede articular palabra alguna. Se siente desfallecer y en su delirio de amor dice: "¡Hijo mío, Hijo mío, te bendigo! ¡Qué amarga separación, más cruel que cualquier muerte!". Pero el dolor le impide hablar y la enmudece.

Desconsolada Reina, deja que te sostenga, que te enjugue las lágrimas, que te compadezca en tu amargo dolor. Madre mía, no te dejaré sola. Tú tómame contigo, y enséñame en este momento tan doloroso para Jesús y para ti, lo que debo hacer, cómo debo defenderlo, cómo debo repararlo y consolarlo, y si debo exponer mi vida para defender la suya. No, no me separaré de debajo de tu manto, a una señal tuya volaré a Jesús y llevaré tu amor, tus afectos, y tus besos, junto con los míos y los pondré en cada llaga, en cada gota de su Sangre, en cada pena e insulto; a fin de que sintiendo en cada pena, los besos y el amor de su Mamá, sus penas queden endulzadas. Después volveré bajo tu manto, trayéndote sus besos, para endulzar tu Corazón traspasado.

Madre mía, el corazón me palpita, quiero ir a Jesús. Mientras beso tus manos maternas, bendíceme como has bendecido a Jesús y permíteme que vaya a Él.

Dulce Jesús mío, el amor me descubre tus pasos y te alcanzo mientras recorres las calles de Jerusalén con tus amados discípulos. Te miro y te veo todavía pálido, oigo tu voz dulce, sí, pero triste; con una tristeza que rompe el corazón de tus discípulos que están turbados. Dices: "Es la última vez que recorro estas calles por mí mismo, mañana las recorreré atado y arrastrado entre mil insultos". Y distinguiendo los lugares en los que serás más insultado y maltratado, sigues diciendo: "Mi vida está por terminar acá abajo, como está por ponerse el sol; y mañana, a esta hora, ya no existiré. Pero como sol, resucitaré al tercer día." Al oír tus palabras, los Apóstoles más se entristecen y no saben qué responder. Pero Tú añades: "Ánimo, no se abatan. Yo no les dejo, siempre estaré con ustedes, pero es necesario que yo muera por el bien de todos". Y así diciendo, te conmueves, y con voz temblorosa continúas instruyéndolos.

Antes de entrar en el Cenáculo, miras el sol que ya se pone, así como está por ponerse tu vida; y ofreces tus pasos por aquellos que se encuentran en el ocaso de su vida, y das la gracia de que la hagan ponerse en ti, y reparas por aquellos que a pesar de los sinsabores y de los desengaños de la vida, se obstinan en no rendirse a ti. Después, miras de nuevo a Jerusalén, el centro de tus milagros y de las predilecciones de tu Corazón, y que en pago ya te está preparando la Cruz y afilando los clavos, para cometer el deicidio. Te estremeces, y se te rompe el Corazón, y lloras por su destrucción. Con esto reparas por tantas almas consagradas a ti, almas que con tanto cuidado tratabas de convertir en portentos de tu amor, y que ellas, ingratas, no te corresponden y te hacen padecer mayores amarguras.

Yo quiero reparar contigo, para endulzar esta herida de tu Corazón. Pero veo que te quedas horrorizado ante la vista de Jerusalén, y retirando de ella tu mirada, entras ya en el Cenáculo. Amor mío, estréchame a tu Corazón, para que haga mías, tus amarguras y las ofrezca junto contigo. Y Tú, mira piadoso mi alma y derramando tu amor en ella, bendíceme.

TERCERA HORA: 7 A 8 DE LA NOCHE
LA CENA LEGAL

Oh Jesús, ya llegas al Cenáculo con tus amados discípulos y te pones a la mesa con ellos. Qué dulzura, qué afabilidad muestras en toda tu persona, al bajarte a tomar por última vez el alimento material. Aquí todo es amor en ti, y también en esto, no sólo reparas por los pecados de gula, sino que nos obtienes también la santificación del alimento. De igual manera que el alimento se convierte en fuerza, así nos obtienes la santidad, hasta en las cosas más bajas y más corrientes.

Jesús, vida mía, tu mirada dulce y penetrante parece escrutar a todos los Apóstoles, y aún en ese acto de tomar el alimento, tu Corazón queda traspasado viendo a tus amados Apóstoles débiles y vacilantes todavía; sobre todo el pérfido Judas, que ya ha puesto un pie en el infierno. Y Tú, desde el fondo de tu Corazón, amargamente dices: "¿Cuál es la utilidad de mi Sangre? He ahí un alma, tan beneficiada por mí: ¡está perdida!". Con tus ojos resplandecientes de luz, lo miras como queriendo hacerle comprender el gran mal cometido, pero tu suprema caridad, te hace soportar este dolor, y no lo manifiestas ni siquiera a tus amados Apóstoles. Mientras sufres por Judas, tu Corazón querría llenarse de alegría, viendo a tu izquierda a tu amado discípulo Juan, tanto que, no pudiendo contener más el amor, atrayéndolo dulcemente a ti, le haces apoyar su cabeza sobre tu Corazón, haciéndole probar el Paraíso por adelantado. Es en esta Hora solemne, cuando en los discípulos son representados dos pueblos, el réprobo y el elegido. El réprobo en Judas, que ya siente el infierno en el corazón, y el elegido en Juan, que en ti reposa y goza.

Oh dulce bien mío, también yo me pongo a tu lado, y junto con tu discípulo amado, quiero apoyar mi cabeza cansada sobre tu Corazón adorable, y rogarte que a mí también me hagas sentir sobre esta tierra, las delicias del cielo. Y así la tierra, ya no sea más tierra para mí, sino cielo; raptada por las dulces armonías de tu Corazón. Pero estas armonías dulcísimas y divinas, siento que se te escapan en dolorosos latidos: ¡Son por las almas que se perderán! Haz que tu palpitar, corriendo en el suyo, les haga sentir los latidos de la vida del cielo, como los siente tu amado discípulo Juan, y que atraídas por la suavidad y la dulzura de tu amor, puedan rendirse todas a ti.

Oh Jesús, mientras me quedo en tu Corazón, dame también a mí el alimento como se lo diste a los Apóstoles: El alimento de la Divina Voluntad, el alimento del amor, el alimento de la Palabra divina. Y jamás, oh Jesús mío, me niegues este alimento que tanto deseas Tú darme, de modo que forme en mí, tu misma vida.

Dulce bien mío, mientras estoy a tu lado, veo que el alimento que tomas con tus amados discípulos, no es sino un cordero. Es el cordero que te representa, y como en este cordero no queda ningún humor vital por la acción del fuego, así Tú, místico Cordero, que por las criaturas debes consumirte por fuerza del amor, ni siquiera una gota de tu Sangre conservarás para ti, derramándola toda por amor a nosotros. Nada haces Tú, que no represente a lo vivo tu dolorosísima Pasión; la que tienes siempre en la mente, en el Corazón, en todo. Así me enseñas que si yo tuviera también siempre en la mente y en el corazón, el pensamiento de tu Pasión, jamás me negarías el alimento de tu amor.

Cuánto te doy las gracias, oh Jesús mío. Ningún acto se te pasa, en que no me tengas presente, y con el que no pretendas hacerme un bien especial. Por eso te ruego, que tu Pasión esté siempre en mi mente, en mi corazón, en mis miradas, en mis pasos, en mis obras; a fin de que a dondequiera que me dirija, dentro y fuera de mí, te encuentre siempre presente para mí. Dame la gracia de que no olvide jamás lo que Tú sufriste y padeciste por mí. Esto sea para mí como un imán, que atrayendo todo mi ser a ti, haga que no pueda nunca jamás, alejarme de ti.

Cuarta Hora: 8 a 9 de la noche
La Cena Eucarística

Dulce amor mío, incontenible siempre en tu amor. Veo que al terminar la Cena Legal, junto con tus amados discípulos, te levantas de la mesa y en unión con ellos, elevas el himno de agradecimiento al Padre por haberles dado el alimento, queriendo con esto reparar todas las faltas de gratitud, y suplir por el agradecimiento que no tienen las criaturas, por tantos medios como nos das para la conservación de la vida corporal. Por eso Tú, oh Jesús, en todo lo que haces, tocas o ves, tienes siempre en tus labios las palabras: "Gracias te sean dadas, oh Padre". También yo, oh Jesús, unida a ti, tomaré la palabra de tus mismos labios y diré siempre y en todo: "Gracias, oh Padre, por mí y por todos", para continuar yo, la reparación por las faltas de agradecimiento.

Mas, oh Jesús, tu amor parece no darse tregua. Veo que de nuevo haces sentarse a tus amados discípulos, tomas una palangana con agua, y ciñéndote una blanca toalla, te postras a los pies de los Apóstoles en un acto tan humilde, que atrae la atención de todo el cielo, y lo hace quedar estático. Los mismos Apóstoles se quedan casi sin movimiento al verte postrado a sus pies. Pero dime, amor mío ¿qué quieres? ¿Qué pretendes con este acto tan humilde? ¡Humildad nunca vista y que jamás se verá!

"Ah hija mía, quiero todas las almas, y postrado a sus pies como un pobre mendigo, las pido, las importuno, y llorando les tiendo mis insidias de amor para ganarlas. Quiero, postrado a sus pies, con este recipiente de agua mezclada con mis lágrimas, lavarlas de cualquier imperfección, y prepararlas a recibirme en el Sacramento. Me importa tanto este acto, que no quiero confiar este oficio a los Ángeles, y ni aun a mi querida Mamá; sino que Yo mismo, quiero purificar hasta las fibras más íntimas de los Apóstoles, para disponerlos a recibir el fruto del Sacramento, y en ellos es mi intención preparar a todas las almas. Quiero reparar por todas las obras santas, por la administración de los Sacramentos y en especial por las cosas hechas por los sacerdotes con espíritu de soberbia, vacías de espíritu divino y de desinterés. Ah, cuántas obras buenas me llegan más para deshonrarme, que para darme honor. Más para amargarme que para complacerme. Más para darme muerte, que para darme vida. Éstas son las ofensas que más me entristecen. Ah, sí, hija mía, enumera todas las ofensas más íntimas que se me hacen, y dame reparación con mis mismas reparaciones; consuela a mi corazón amargado".

Oh afligido bien mío, tu vida la hago mía, y junto contigo, quiero repararte por todas esas ofensas. Quiero entrar en todos esos lugares más íntimos de tu Corazón divino, y reparar con tu mismo Corazón, por las ofensas más íntimas y secretas que recibes de tus predilectos. Quiero, oh Jesús mío, seguirte en todo, y en unión contigo, quiero girar por todas las almas que te han de recibir en la Eucaristía y entrar en sus corazones. Y junto con tus manos, las mías, con esas lágrimas tuyas y con el agua con que lavaste los pies a tus Apóstoles, lavemos las almas que te han de recibir. Purifiquemos sus corazones, incendiémoslos, sacudamos de ellos el polvo con que están manchados, a fin de que, al recibirte, Tú puedas encontrar en ellas tus complacencias, en lugar de tus amarguras.

Pero mientras estás todo atento, lavando los pies de los Apóstoles, te miro y veo otro dolor que traspasa tu Corazón santísimo. Estos Apóstoles representan para ti, a todos los futuros hijos de la Iglesia. Cada uno de ellos, representa la serie de cada uno de los males que iban a haber en la Iglesia, y por tanto, la serie de cada uno de tus dolores. En uno, las debilidades; en otro, los engaños; en otro, las hipocresías; en otro, el amor desmedido a los intereses. En San Pedro, la falta a los buenos propósitos y todas las ofensas de los Jefes de la Iglesia; en San Juan, las ofensas de tus más fieles; en Judas, todos los apóstatas, con la serie de los graves males causados por ellos. Ah, tu Corazón está sofocado por el dolor y por el amor, tanto que no pudiendo sostenerte, te detienes a los pies de cada Apóstol, rompes en llanto, y ruegas y reparas por cada una de esas ofensas, y para todos imploras el remedio oportuno. Jesús mío, también yo me uno contigo, hago mías tus súplicas, tus reparaciones, tus oportunos remedios para cada alma. Quiero mezclar mis lágrimas con las tuyas, para que nunca estés solo, sino que me tengas siempre contigo para dividir tus penas.

Pero mientras prosigues lavando los pies de los Apóstoles, veo que ya estás a los pies de Judas. Siento tu respiro afanoso, veo que no sólo lloras, sino que sollozas, y mientras lavas esos pies los besas, te los estrechas al Corazón, y no pudiendo hablar con la voz, porque te ahoga el llanto, lo miras con tus ojos hinchados por las lágrimas, y con el Corazón le dices: "Hijito mío, ah, te ruego con la voz de mis lágrimas: No te vayas al infierno, dame tu alma, que postrado a tus pies, te pido. Dime, ¿qué quieres? ¿Qué pretendes? Todo te daré con tal de que no te pierdas. Ah, evítame este dolor, a mí, tu Dios". Y te estrechas de nuevo esos pies a tu Corazón. Pero viendo la dureza de Judas, tu Corazón se ve en apuros, tu amor te ahoga, y estás a punto de desfallecer.

Corazón mío y vida mía, permíteme que te sostenga entre mis brazos. Me doy cuenta de que éstas son tus estratagemas amorosas, que usas con cada pecador obstinado. Ah Corazón mío, mientras te compadezco y te doy reparación por las ofensas que recibes de las almas, que se obstinan en no quererse convertir, te ruego que recorramos juntos la tierra, y donde hay pecadores obstinados, les demos tus lágrimas, para enternecerlos; tus besos y tus abrazos de amor, para encadenarlos a ti; de manera que no te puedan huir, y así te consolaré por el dolor de la pérdida de Judas.

Jesús mío, gozo y delicia mía, veo que tu amor corre, que rápidamente corre. Doliente como estás, te levantas y casi corres a la mesa, donde está preparado el pan y el vino para la consagración. Veo que tomas un aspecto todo nuevo y nunca antes visto, tu divina Persona toma un aspecto tierno, amoroso, afectuoso; tus ojos resplandecen de luz más que si fueran soles; tu rostro, encendido, resplandece; tus labios, sonrientes, abrasados de amor; y tus manos, creadoras, se ponen en actitud de crear. Te veo, amor mío, todo transformado. Parece como si tu divinidad, se desbordara fuera de tu Humanidad. Ah Jesús, este aspecto tuyo, nunca visto, llama la atención de todos los Apóstoles, quienes subyugados por tan dulce encanto, no se atreven ni siquiera a respirar. La dulce Mamá, corre en espíritu al pie de la mesa del altar, a contemplar y a participar en los prodigios de tu amor.

Los Ángeles descienden del cielo y entre ellos se preguntan, "¿Qué pasa?". Son verdaderas locuras, auténticos excesos: ¡Es Dios que crea, no el cielo o la tierra, sino a sí mismo. ¿Y dónde? En la vilísima materia de un poco de pan y un poco de vino. Y mientras están todos en torno a ti, oh amor insaciable, veo que tomas el pan en tus manos. Lo ofreces al Padre, y oigo tu dulcísima voz que dice: "Padre Santo, gracias te sean dadas, pues siempre escuchas a tu Hijo. Padre Santo, concurre conmigo. Tú, un día me enviaste del cielo a la tierra a encarnarme en el seno de mi Mamá, para venir a salvar a nuestros hijos. Ahora permíteme que me encarne en cada Hostia, para continuar la salvación de ellos, y para ser vida de cada uno de mis hijos. Mira, oh Padre, pocas horas quedan de mi vida y ¿cómo tendré corazón para dejar solos y huérfanos a mis hijos? Sus enemigos son muchos: las tinieblas, las pasiones, las debilidades a las que están sujetos. ¿Quién los ayudará? Ah, te suplico me quede en cada Hostia, para ser vida de cada uno, para poner en fuga a sus enemigos, y ser para ellos luz, fuerza y ayuda en todo. Pues de lo contrario ¿a dónde irán? ¿Quién los ayudará? Nuestras obras son eternas, mi amor es irresistible, por eso no puedo ni quiero dejar a mis hijos".

El Padre se enternece a la voz tierna y afectuosa del Hijo, y desciende del cielo. Y ya está sobre el altar, unido con el Espíritu Santo, para concurrir con el Hijo. Y Jesús, con voz sonora y conmovedora, pronuncia las palabras de la consagración, y sin dejarse a sí mismo, se crea en ese pan y vino.

Después, te das en comunión a tus Apóstoles, y seguro que nuestra Madre Celestial no se vio privada de recibirte. Ah Jesús, los cielos se postran, y todos te envían un acto de adoración en tu nuevo estado, de tan profundo anonadamiento. Y así, tu amor queda saciado y satisfecho, no teniendo ya nada más que hacer.

Y yo veo sobre ese altar, en tus manos, todas las Hostias consagradas que se perpetuarán hasta el fin de los siglos; y en cada Hostia, toda tu dolorosa Pasión desplegada, pues las criaturas, a los excesos de tu amor, te preparan excesos de ingratitud y de enormes delitos. Y yo, Corazón de mi corazón, quiero estar siempre contigo en cada sagrario, en todos los copones y en cada Hostia consagrada que habrá, hasta el fin de los tiempos, para darte mis actos de reparación a medida que recibes las ofensas.

Por eso, Corazón mío, me pongo ante ti y te beso la frente majestuosa. Pero al besarte, siento en mis labios el dolor de las espinas que rodean tu cabeza, porque en esta Hostia santa, oh Jesús mío, no te limitan las espinas como en la Pasión. Veo que las criaturas vienen a tu presencia, y en vez de ofrecerte el homenaje de sus pensamientos, te envían pensamientos malos, y Tú bajas de nuevo la cabeza, como en la Pasión, para recibir las espinas de los malos pensamientos que se tienen en tu presencia. Oh amor mío, también yo la bajo contigo para compartir tus penas, y pongo todos mis pensamientos en tu mente para sacarte esas espinas que tanto te duelen y te entristecen. Quiero que cada pensamiento mío, corra en cada uno de los tuyos, para formarte un acto de reparación por cada pensamiento malo de las criaturas, y endulzar así, tus afligidos pensamientos.

Jesús, bien mío, beso tus hermosos ojos. Te veo en esta Hostia santa, con esos ojos amorosos en espera de todos aquellos que vienen a tu presencia, para mirarlos con tus miradas de amor y para obtener la correspondencia de amor de sus miradas. Pero, cuántos vienen a tu presencia y en vez de mirarte y buscarte a ti, miran cosas que las distraen de ti, y te privan del gusto del intercambio de miradas entre Tú y ellas, y Tú lloras. Por eso, al besarte siento mis labios empapados por tus lágrimas. Ah Jesús mío, no llores. Quiero poner mis ojos en los tuyos, para compartir estas penas tuyas, llorar contigo y darte reparación por las miradas frías y distraídas, ofreciéndote mis miradas y manteniéndolas fijas siempre en ti.

Jesús, amor mío, beso tus santísimos oídos. Ah, te veo todo atento, escuchando lo que quieren de ti las criaturas, para consolarlas, pero ellas, por el contrario, hacen llegar a tus oídos oraciones mal hechas, llenas de recelos, sin verdadera confianza; oraciones, en su mayor parte por rutina y sin vida. Y tus oídos en esta Hostia santa, son más molestados que en la misma Pasión. Oh Jesús mío, quiero tomar todas las armonías del cielo y ponerlas en tus oídos para repararte por estas molestias; quiero poner mis oídos en los tuyos, no sólo para compartir estas molestias, sino para estar siempre atenta a lo que quieres, a lo que sufres y darte inmediatamente mi acto de reparación y consolarte.

Jesús, vida mía, beso tu santísimo rostro. Lo veo sangrante, lívido e hinchado. Ah las criaturas vienen ante esta Hostia santa y con sus posturas indecentes, con sus conversaciones malas que tienen ante ti, en vez de darte honor, te dan bofetadas y salivazos, y Tú, como en la Pasión, con toda paz, con toda paciencia, los recibes y lo soportas todo. Oh Jesús, quiero poner mi rostro, no sólo junto al tuyo para acariciarte y besarte cuando te dan esas bofetadas y limpiarte los salivazos, sino que quiero ponerlo en tu mismo rostro, para compartir contigo estas penas. Aun más, quiero hacer de mi ser, tantos diminutos pedacitos para ponerlos ante ti, como otras tantas estatuas arrodilladas en continua genuflexión, para repararte por tantos deshonores como te dan ante tu presencia.

Jesús mío, beso tu dulcísima boca. Y veo que Tú, al descender al corazón de las criaturas, el primer sitio donde te apoyas es sobre la lengua; y oh, cómo quedas amargado al encontrar muchas lenguas mordaces, impuras, malas. Ah te sientes ahogar por esas lenguas, y peor aún cuando desciendes a los corazones. Oh Jesús, si me fuera posible, quisiera encontrarme en la boca de cada criatura, para endulzarte por cada ofensa que recibes de ellas.

Fatigado bien mío, beso tu santísimo cuello. Pero te veo cansado, agotado y todo ocupado en tu quehacer de amor. Dime ¿qué haces? Entonces dices: "Hija mía, Yo, en esta Hostia trabajo desde la mañana hasta la noche, formando continuas cadenas de amor, a fin de que al venir las almas a mí, encuentren ya preparadas mis cadenas de amor para encadenarlas a mi Corazón. Pero, ¿sabes tú lo que a cambio ellas me hacen? Muchas toman a mal estas cadenas mías y se liberan de ellas por la fuerza y las rompen, y como estas cadenas están atadas a mi Corazón, me siento torturado y doy en delirio. Mientras hacen pedazos mis cadenas, haciendo fracasar el trabajo que hago en el Sacramento, buscan las cadenas de las criaturas y de los pecados aun en mi presencia, sirviéndose de mí para lograr su intento. Esto me da tanto dolor, que me da una fiebre tan violenta que, me hace desfallecer y delirar."

Cuánto te compadezco, oh Jesús. Tu amor se ve en un extremo agobio. Ah, para consolarte por tu trabajo y para repararte cuando son despedazadas tus cadenas amorosas, te ruego que encadenes mi corazón, con todas estas cadenas para poder darte por todos, mi correspondencia de amor.

Jesús mío, flechero divino, beso tu pecho, y es tanto y tan grande el fuego que contiene, que para dar un poco de desahogo a tus llamas que tan en alto se elevan, Tú, queriendo descansar un poco en tu trabajo, en el Sacramento quieres entretenerte también. Y tu entretenimiento es formar flechas, dardos, saetas, para que cuando las almas vengan a ti, Tú te entretengas con ellas, haciendo salir de tu pecho, tus flechas, y cuando las reciben, forman tu fiesta y Tú formas tu entretenimiento. Pero muchas, oh Jesús, te las rechazan, enviándote a su vez, flechas de frialdad, dardos de tibieza y saetas de ingratitud. Y Tú te quedas tan afligido, que lloras porque las criaturas te hacen fracasar en tus entretenimientos de amor. Oh Jesús, he aquí mi pecho, dispuesto a recibir no sólo las flechas preparadas para mí, sino también todas las que los demás rechazan. Así no volverás ya a fracasar en tus entretenimientos, y por correspondencia, quiero darte reparación por las frialdades, por las tibiezas y por las ingratitudes que recibes.

Oh Jesús, beso tu mano izquierda. Y quiero reparar por todos los tocamientos ilícitos y no santos, hechos en tu presencia y te ruego, que con esta mano me tengas siempre estrechada a tu Corazón.

Oh Jesús, beso tu mano derecha. Y quiero repararte por todos los sacrilegios, en particular por las misas celebradas malamente. Cuántas veces, amor mío, te ves forzado a descender del cielo a las manos del sacerdote, que en virtud de su potestad te llama, y encuentras esas manos llenas de fango, que chorrean inmundicia; y Tú, aunque sientes náusea de esas manos, te ves obligado por tu amor a permanecer en ellas. Es más, en algunos sacerdotes es peor, en ellos encuentras a los sacerdotes, aquellos de tu Pasión, que con sus enormes delitos y sacrilegios, renuevan el deicidio. Jesús mío, es espantoso pensarlo: otra vez te encuentras como en la Pasión, en esas manos indignas; como un cordero, aguardando de nuevo tu muerte. Ah Jesús, cuánto sufres. Cómo quisieras una mano amorosa, para librarte de esas manos sanguinarias. Ah cuando te encuentres en esas manos, te ruego que hagas que me encuentre presente también yo, para darte mi reparación. Quiero cubrirte con la pureza de los Ángeles y perfumarte con sus virtudes, para neutralizar el hedor de esas manos y darte mi corazón como consuelo y refugio. Y mientras estés en mí, yo te rogaré por los sacerdotes, para que sean dignos ministros tuyos, y así no pongan en peligro tu vida sacramental.

Oh Jesús, beso tu pie izquierdo. Y quiero repararte por quienes te reciben por rutina y sin las debidas disposiciones.

Oh Jesús, beso tu pie derecho. Y quiero repararte por aquellos que te reciben para ultrajarte. Cuando eso se atreven a hacer, te ruego que renueves el milagro que hiciste cuando Longinos te atravesó el Corazón con la lanza, que al fluir de aquella sangre que brotó, abriéndole los ojos, lo convertiste y lo sanaste; que así al contacto tuyo sacramental, conviertas esas ofensas en amor.

Oh Jesús, beso tu Corazón, el lugar donde se concentran las ofensas. Quiero darte mi reparación de todo y por todos, quiero corresponderte con amor, y en unión contigo, compartir tus penas. Ah, te suplico que si olvido repararte por alguna ofensa, me hagas prisionera en tu Corazón y en tu Voluntad, para que nada se me escape. A nuestra dulce Mamá, suplicaré que me haga atenta, y en unión con Ella, te repararemos por todo y por todos. Juntas te besaremos, y haciéndonos tu defensa, alejaremos de ti a las olas de amarguras, que por desgracia recibes de las criaturas.

Ah Jesús, recuerda que yo también soy una pobre encarcelada, si bien es cierto que tus cárceles son mucho más estrechas, como lo es el breve espacio de una Hostia. Así pues, enciérrame en tu Corazón y con las cadenas de tu amor, no sólo aprisióname, sino ata a ti, uno por uno mis pensamientos, mis afectos, mis deseos. Inmovilízame las manos y los pies, encadenándolos a tu Corazón, para no tener otras manos y pies que los tuyos. De manera que, amor mío, mi cárcel sea tu Corazón; mis cadenas, el amor; las rejas que me impidan absolutamente salir, tu Voluntad santísima; y tus llamas de amor serán mi alimento, mi respiración, mi todo. Así que ya no veré otra cosa, sino llamas, y no tocaré, sino fuego que me dará muerte y vida, como Tú lo sufres en la Hostia; así te daré mi vida. Y mientras yo quedo prisionera en ti, Tú quedarás libre en mí. ¿No ha sido éste, tu propósito al encarcelarte en la Hostia? Ser desencarcelado por las almas que te reciben, recibiendo vida en ellas. Así pues, bendíceme como señal de tu amor y dame un beso, y yo te abrazaré y me quedaré en ti.

Pero veo, oh dulce Corazón mío, que después de que has instituido el santísimo Sacramento, y de que has visto la enorme ingratitud y las innumerables ofensas de las criaturas ante tantos excesos de amor tuyos; aunque quedas herido y amargado, sin embargo no te haces para atrás, al contrario, en la inmensidad de tu amor quisieras ahogarlo todo.

Te veo, oh Jesús, que te das en comunión a tus Apóstoles, y que después agregas que eso que has hecho Tú, lo deben hacer también ellos, dándoles así el poder de consagrar. De esta manera los ordenas sacerdotes, e instituyes este otro Sacramento. Y así lo reparas todo: las predicaciones mal hechas, los Sacramentos administrados y recibidos sin disposiciones, y que quedan, por lo tanto, sin sus efectos buenos; las vocaciones equivocadas de algunos sacerdotes, tanto por parte de ellos, como por parte de quienes los ordenan, no usando todos los medios para conocer las verdaderas vocaciones. Ah Jesús, nada se te olvida. Yo quiero seguirte, y repararte por todas estas faltas y ofensas.

Después de que has dispuesto y hecho todo esto, en compañía de tus Apóstoles, te encaminas al Huerto de Getsemaní, para continuar tu dolorosa Pasión. Y yo en todo te seguiré, para hacerte fiel compañía.

Afligido Jesús mío, como por una corriente eléctrica, me siento atraída a este huerto. Ah, comprendo que Tú me llamas, y como por un potente imán, siento atraído mi herido corazón, y yo corro pensando para mí: ¿Qué cosa es esta atracción de amor que siento en mí? Ah, es mi perseguido Jesús, que se encuentra en tal estado de amargura, que siente necesidad de mi compañía. Y yo corro, vuelo, ¿pero qué?, me siento sobrecogida al entrar en este huerto; es la obscuridad de la noche, la intensidad del frío; el moverse lento de las hojas, que como voces lastimeras, presagian penas, tristezas y muerte para mi dolorido Jesús. El dulce centellar de las estrellas, que como ojos llorosos están mirando atentas, y haciendo eco a las lágrimas de Jesús, me reprochan mis ingratitudes. Yo tiemblo, y en la obscuridad lo voy buscando y lo llamo: Jesús, ¿dónde estás? ¿Me llamas y no te dejas ver? ¿Me llamas y te escondes? Todo es terror, todo es espanto y silencio profundo. Pongo toda mi atención en mis oídos y percibo su respirar afanoso; y es precisamente a Jesús a quien encuentro. Pero qué cambio funesto ha habido. Ya no es el dulce Jesús de la Cena Eucarística, cuyo rostro resplandecía con una hermosura arrebatadora y deslumbrante, sino que ahora está triste, con una tristeza mortal que eclipsa su belleza. Ya está en agonía, y yo me siento turbada al pensar que no escucharé más su voz, pues parece que muere. Por eso me abrazo a sus pies, y haciéndome más atrevida, me acerco a sus brazos, le pongo la mano en la frente para sostenerlo y en voz baja lo llamo: ¡Jesús, Jesús!

Y entonces, Él, respondiendo a mi voz, me mira y me dice: "Hija, ¿estás aquí? Te estaba esperando, pues el completo abandono de todos, es la tristeza que más me oprime. Y te esperaba a ti, para hacerte espectadora de mis penas y para hacerte beber conmigo el cáliz de las amarguras, que mi Padre celestial me enviará dentro de poco por medio de un Ángel. Lo beberemos juntos, no será un cáliz de consuelo, sino de intensa amargura, y siento la necesidad de que las almas que me aman, beban alguna gota, al menos. Por eso te he llamado, para que tú lo aceptes y compartas conmigo mis penas y me asegures que no me vas a dejar solo, entre tanto abandono." Ah sí, angustiado Jesús mío, bebamos juntos el cáliz de tus amarguras, suframos juntos tus penas, yo no me separaré jamás de tu lado.

Entonces, después de habérselo asegurado, mi afligido Jesús entra en agonía mortal y sufre penas jamás vistas ni escuchadas. Y yo, no pudiendo resistir y queriendo compadecerlo y aliviarlo, le digo: Dime, ¿por qué estás tan triste, tan afligido y solo en este huerto y en esta noche? Es la última noche de tu vida en la tierra, pocos momentos te quedan para comenzar tu Pasión. Yo pensaba encontrar al menos a la celestial Mamá, a la amante Magdalena, a tus fieles Apóstoles, pero por el contrario, solo te encuentro, abrumado por una tristeza que te da muerte despiadada, pero sin hacerte morir. Oh bien mío y todo mío, ¿no me respondes?, háblame.

Parece que te falta la palabra, tan grande es la tristeza que te oprime. Oh Jesús mío, esa mirada tuya, llena de luz, sí, pero afligida e inquieta, que parece que busca ayuda. Ese tu rostro tan pálido, esos tus labios tan abrasados por el amor, esa tu divina Persona que tiembla toda de pies a cabeza, ese tu Corazón que te palpita tan fuerte, y esos latidos tuyos que buscan almas y que te dan tal afán, que parece que de un momento a otro vayas a expirar; me dicen que Tú estás solo y que quieres mi compañía. Aquí me tienes, Jesús, toda para ti y contigo.

Mi corazón no resiste al verte tirado por tierra. Entre mis brazos te tomo y te estrecho a mi corazón. Quiero contar uno a uno tus afanes, una por una las ofensas que se te presentan ante tu mente, para darte, por todo, alivio; por todo, reparación; y por todo, darte mi compasión por lo menos. Pero oh Jesús mío, mientras te tengo entre mis brazos, tus sufrimientos aumentan. Siento correr en tus venas un fuego, siento que la sangre te hierve y te quiere romper las venas para salir fuera. Dime, amor mío, ¿qué tienes? No veo azotes, ni espinas, ni clavos, ni Cruz, y sin embargo, apoyando mi cabeza sobre tu Corazón, siento que crueles espinas te traspasan la cabeza. Qué flagelos tan despiadados son esos, que no te dejan a salvo ninguna partícula, ni dentro, ni fuera de tu divina Persona, y que hacen que tus manos estén contraídas y desfiguradas más que si fuera por clavos. Dime, dulce bien mío, ¿quién es el que tanto poder tiene hasta en tu interior, para atormentarte tanto y hacerte sufrir tantas muertes, por cuantos tormentos te da?

Y parece que Jesús bendito, abriendo sus labios exánimes y moribundos me dice: "Hija mía, ¿quieres saber quién es el que me atormenta más que los mismos verdugos? Es más que ellos, serán nada en comparación con él. ¡Es el Amor Eterno!, que queriendo tener la supremacía en todo, me está haciendo sufrir todo junto y hasta en lo más íntimo, lo que los verdugos me harán sufrir poco a poco. Ah hija mía, es el amor que prevalece por entero sobre mí y en mí. El amor es para mí, clavo; el amor es para mí, flagelo; el amor es para mí, corona de espinas; el amor es para mí, todo; el amor es para mí, mi Pasión perenne; mientras que la Pasión que los hombres me darán, es temporal. Ah hija mía, entra en mi Corazón y vente a perder en mi amor, y sólo en mi amor comprenderás cuánto he sufrido y cuánto te he amado, y aprenderás a amarme y a sufrir sólo por amor".

Oh Jesús mío, ya que Tú me llamas adentro de tu Corazón, para hacerme ver lo que el amor te hizo sufrir, yo entro en él, y al entrar encuentro los portentos del amor que no te corona la cabeza con espinas materiales, sino con espinas de fuego; que no te flagela con cuerdas, sino con flagelos de fuego; que no te crucifica con clavos de fierro, sino de fuego. Todo él, es fuego que te penetra en tus huesos hasta la médula, y que destilando en fuego a toda tu santísima Humanidad, te causa penas mortales, evidentemente más que en la misma Pasión, y prepara un baño de amor, para todas las almas que hayan de querer lavarse de cualquier mancha, y adquirir el derecho de ser hijas del amor.

Oh amor sin fin, yo me siento retroceder ante tal inmensidad de amor, y veo que para poder entrar en el amor y comprenderlo, debo ser todo amor, y oh Jesús mío, no lo soy. Pero ya que Tú quieres mi compañía y quieres que entre en ti, te suplico que me hagas convertirme toda en amor. Te suplico que corones mi cabeza y cada uno de mis pensamientos con la corona del amor. Te pido, oh Jesús, que con el flagelo del amor, flageles mi alma, mi cuerpo, mis potencias, mis sentimientos, mis deseos, mis afectos; en suma, todo, y en todo quede flagelada y sellada por el amor. Haz, oh amor interminable, que no haya cosa alguna en mí que no tome vida del amor. Oh Jesús, centro de todos los amores, te suplico que claves mis manos y mis pies, con los clavos del amor, para que enteramente clavada por el amor, en amor me convierta, el amor entienda, de amor me vista, de amor me alimente, y el amor me tenga toda clavada en ti, a fin de que ninguna cosa, ni dentro, ni fuera de mí, se atreva a desviarme y alejarme del amor, oh Jesús.

Sexta Hora: 10 a 11 de la noche
Segunda hora de agonía en el Huerto de Getsemaní

Oh dulce Jesús mío, ya ha transcurrido una hora desde que llegaste a este huerto. El amor tomó la primacía sobre todo, haciéndote sufrir todo junto, lo que los verdugos te harán sufrir, en el curso de tu amarguísima Pasión. Más aun, suplió y llegó a hacerte sufrir todo lo que ellos no podrán, y en las partes más internas de tu divina Persona. Jesús mío, te veo ya vacilante en tus pasos, pero no obstante, quieres caminar. Dime, oh bien mío, ¿a dónde quieres ir? Ah, ya comprendo, a encontrar a tus amados discípulos. Y yo también quiero acompañarte para sostenerte, por si Tú vacilas. Pero oh Jesús mío, otras amarguras encuentra tu Corazón: ellos duermen y Tú, siempre piadoso, los llamas, los despiertas y con paternal amor, los amonestas y les recomiendas la vigilancia y la oración. Vuelves luego al huerto, pero llevas otra herida en el Corazón, y en esta herida veo, oh amor mío, todas las heridas de las almas consagradas a ti, que, o por tentación, o por estado de ánimo, o por falta de mortificación, en vez de estrecharse a ti, de velar y orar, se abandonan a sí mismas, y somnolientas, en vez de progresar en el amor y en la unión contigo, retroceden. Cuánto te compadezco, oh amante apasionado, y te reparo por todas las ingratitudes de tus más fieles. Estas son las ofensas que mayormente entristecen a tu Corazón adorable, y es tal y tan grande su amargura, que te hacen delirar. Pero, oh amor mío sin límites, tu amor que te hierve en las venas, vence todo y olvida todo. Te veo postrado por tierra, y oras; te ofreces, reparas y quieres glorificar al Padre en todo, por las ofensas que le hacen las criaturas. También yo, oh Jesús mío, me postro contigo, y unida a ti, quiero hacer lo que haces Tú.

Oh Jesús, delicia de mi corazón, veo que la multitud de todos los pecados, nuestras miserias, nuestras debilidades, los más enormes delitos, las más negras ingratitudes, te vienen al encuentro, se arrojan sobre ti y te aplastan, te hieren, te muerden. Y Tú, ¿qué haces? La sangre que te hierve en las venas hace frente a todas estas ofensas, rompe las venas y en copiosos arroyos brota fuera, te empapa todo y corre hasta la tierra; dando sangre por ofensas, vida por muerte. Ah, a qué estado te veo reducido, estás expirando ya. Oh bien mío, dulce vida mía, no te mueras, levanta la cara de esta tierra que has mojado con tu Sangre preciosísima, ven a mis brazos y haz que yo muera en vez de ti. Pero oigo la voz trémula y moribunda de mi dulce Jesús, que dice: "Padre, si es posible, pasa de mí este cáliz, pero hágase no mi voluntad, sino la tuya".

Ya es la segunda vez que oigo esto de mi dulce Jesús. Pero ¿qué es lo que me quieres hacer comprender con estas palabras?: "Padre, si es posible pasa de mí este cáliz". Oh Jesús, se te hacen presentes todas las rebeliones de las criaturas, ves rechazado por casi todas aquel "Hágase tu Voluntad", que debía ser la vida de cada criatura, y éstas, en vez de encontrar la vida, encuentran la muerte. Y Tú, queriendo dar la vida a todas y hacer una solemne reparación al Padre, por las rebeliones de las criaturas, por tres veces repites: "Padre, si es posible pasa de mí este cáliz". Es decir, el cáliz amargo de que las almas, separándose de su Voluntad, se pierdan. "Este cáliz es para mí, muy amargo; sin embargo, no se haga mi voluntad, sino la tuya". Pero mientras dices esto, es tal y tan grande la amargura, que te reduce al extremo, te hace agonizar y estás a punto de dar el último respiro.

Oh Jesús mío, bien mío, ya que estás en mis brazos, yo también quiero unirme contigo, quiero repararte y compadecerte por todas las faltas, por todos los pecados que se cometen contra tu santísimo querer, quiero suplicarte que yo siempre haga todo en tu santísima Voluntad. Que tu Voluntad sea mi respiro, mi aire. Que tu Voluntad sea mi latido, sea mi corazón, mi pensamiento, mi vida y mi muerte. Pero, ah, no te mueras. ¿A dónde podré ir sin ti? ¿A quién me volveré, quién me ayudará? Todo acabaría para mí. Ah, no me dejes, tenme como quieras, como a ti más te plazca, pero tenme contigo, siempre contigo; que jamás suceda que, ni por un instante, me quede separada de ti. Es más, déjame endulzarte, repararte y compadecerte por todos, porque veo que todos los pecados, de todas las especies, pesan sobre ti.

Por eso, amor mío, beso tu santísima cabeza. Pero, ¿qué veo? Todos los malos pensamientos, y Tú sientes su horror. Cada pensamiento malo es una espina para tu sacratísima cabeza, que te hiere acerbamente. No se podrían comparar con la corona de espinas que te pondrán los judíos. Cuántas coronas de espinas te ponen en tu adorable cabeza, los malos pensamientos de las criaturas; tanto que la sangre te brota por todas partes, de la frente y hasta de entre los cabellos. Jesús, te compadezco y quisiera ponerte otras tantas coronas de gloria, y para endulzarte te ofrezco todas las inteligencias de los Ángeles y tu misma inteligencia, para ofrecerte una compasión y una reparación por todos.

Oh Jesús, beso tus ojos piadosos. Y en ellos veo todas las malas miradas de las criaturas que hacen correr sobre tu rostro, lágrimas de sangre. Te compadezco, y quisiera endulzar tu vista, poniéndote delante, todos los gustos que se puedan encontrar en el cielo y en la tierra.

Jesús, bien mío, beso tus sacratísimos oídos. Pero, ¿qué escucho? En ellos oigo el eco de las horrendas blasfemias, los gritos de venganza y de maledicencia; no hay ni una voz amante y dulce que resuene en tus sacratísimos oídos. Oh amor insaciable, te compadezco, y quiero consolarte haciendo resonar en ellos, todas las armonías del cielo, la voz dulcísima de tu querida Mamá, los encendidos acentos de la Magdalena y de todas las almas que te aman.

Jesús, vida mía, un beso más encendido quiero poner en tu rostro, cuya belleza no tiene par. Ah, este es el rostro ante el cual, los Ángeles no se atreven a levantar la mirada, y es tal y tanta su hermosura, que a ellos los arrebata, pero que las criaturas se atreven a ensuciarlo con salivazos, a golpearlo con bofetadas y a pisotearlo bajo los pies. Amor mío, qué osadía. Quisiera gritar fuertemente para ponerlos en fuga. Te compadezco, y para reparar estos insultos, me dirijo a la Trinidad sacrosanta, para pedir el beso del Padre y del Espíritu Santo y las inimitables caricias de sus manos creadoras. Me dirijo también a la Mamá celestial, para que me dé sus besos, las caricias de sus manos maternas y sus profundas adoraciones. Me dirijo también a todas las almas consagradas a ti y te lo ofrezco todo, para repararte por las ofensas hechas a tu santísimo rostro.

Dulce bien mío, beso tu dulcísima boca. Pero la siento amargada por las horribles blasfemias, por las náuseas de la gula y de las embriagueces, por las conversaciones obscenas, por las oraciones mal hechas, por las malas enseñanzas y por todo lo malo que hace el hombre con la palabra. Jesús, te compadezco y quiero endulzarte la boca, para lo cual te ofrezco todas las alabanzas angélicas y el buen uso de la palabra que hacen tus hijos.

Oprimido amor mío, beso tu cuello. Y ya lo veo atado con las sogas y las cadenas de los apegos y los pecados de las criaturas. Te compadezco, y para aliviarte, te ofrezco la unión inseparable de las divinas Personas; y yo, fundiéndome en esta unión, extiendo a ti mis brazos formando en torno a tu cuello, dulces cadenas de amor, así quiero alejar de ti las ataduras de los apegos que casi te ahogan, y para endulzarte, te estrecho fuerte a mi corazón.

Fortaleza divina, beso tus santísimos hombros. Y los veo lacerados, veo tus carnes arrancadas a pedazos por los escándalos y los malos ejemplos de las criaturas. Te compadezco, y para aliviarte, te ofrezco tus santos ejemplos y los ejemplos de la Mamá y Reina, y los de todos tus Santos. Y yo, Jesús mío, haciendo correr mis besos en cada una de estas llagas, quiero encerrar en ellas, las almas que por motivo de escándalo, han sido arrancadas de tu Corazón, y quiero así, sanar las carnes de tu santísima Humanidad.

Fatigado Jesús mío, beso tu pecho. Y lo veo herido por las frialdades, por las tibiezas, por las faltas de correspondencia y por las ingratitudes de todas las criaturas. Te compadezco, y para endulzarte, te ofrezco el recíproco amor del Padre y del Espíritu Santo; la perfecta correspondencia entre las tres divinas Personas. Y yo, oh Jesús mío, sumergiéndome en tu amor, quiero ser defensa para impedir estas heridas que las criaturas te causan con sus pecados, y tomando tu amor, quiero con él, herirlas para que ya no se atrevan a ofenderte nunca más, y quiero derramarlo en tu pecho para endulzarte y sanarte.

Oh Jesús mío, beso tus manos creadoras. Y veo todas las malas acciones de las criaturas que, como otros tantos clavos, traspasan tus manos santísimas, de modo que no quedas tu crucificado sólo con tres clavos sobre la Cruz, sino por tantos clavos por cuantas son las obras malas que hacen las criaturas. Te compadezco, y para endulzarte, te ofrezco todas las obras santas, el valor de los mártires al dar su sangre y su vida por tu amor. Y quisiera también, Jesús mío, ofrecerte todas las buenas obras, para quitarte todos los clavos de las obras malas.

Jesús, beso tus pies santísimos, siempre incansables en la búsqueda de las almas. Y veo que en ellos encierras todos los pasos de las criaturas, pero muchas de ellas, sientes que te escapan y Tú quisieras tomarlas a todas. Por cada uno de sus malos pasos, Tú te sientes traspasado por un clavo, y quieres servirte de todos estos clavos para clavarlas en tu amor. Tal y tan intenso es el dolor que sientes y el esfuerzo que haces por clavarlas a tu amor, que te estremeces todo. Oh Jesús, te compadezco, y para consolarte, te ofrezco los pasos de todas las almas fieles que exponen su vida por salvar almas.

Oh Jesús, beso tu Corazón. Y veo que sigues agonizando, no por lo que te harán sufrir los judíos, sino por el dolor que te causan las ofensas de las criaturas. En estas horas quieres dar el primer lugar al amor; el segundo lugar, a todos los pecados por los cuales expías, reparas, glorificas al Padre y aplacas a la divina justicia; y el tercer lugar, a los judíos. Y con esto me das a entender que la Pasión que te harán sufrir los judíos, no será sino la sombra de la doble Pasión amarguísima que te hacen sufrir el amor y el pecado. Y por esto, es por lo que yo veo concentrado en tu Corazón, la lanza del amor, la lanza del pecado y esperas la tercera lanza: la lanza de los judíos. Tu Corazón sofocado por el amor, sufre contracciones violentas, afectos impacientes de amor, deseos que te consumen, latidos de fuego que quisieran dar vida a cada corazón. Y precisamente es aquí, en tu Corazón, donde sientes todo el dolor que te causan las criaturas, las cuales con sus malos deseos, con sus desordenados afectos, con sus latidos profanados, en vez de querer tu amor, buscan otros amores.

Jesús mío, oh cuánto sufres. Te veo desfallecer, sumergido por las olas de nuestras iniquidades. Te compadezco, y quiero endulzar la amargura de tu Corazón triplemente traspasado, ofreciéndote las dulzuras eternas y el amor dulcísimo de la Mamá querida.

Y ahora, oh Jesús, haz que mi pobre corazón tome vida de este Corazón tuyo, para que no viva más que con tu solo Corazón, y en cada ofensa que recibas, mi corazón se encuentre siempre preparado para ofrecerte un consuelo, un alivio, un acto de amor ininterrumpido.

SÉPTIMA HORA: 11 A 12 DE LA NOCHE
TERCERA HORA DE AGONÍA EN EL HUERTO DE GETSEMANÍ

Dulce bien mío, mi corazón no resiste. Te miro y veo que sigues agonizando. La sangre como en arroyos, te chorrea de todo el cuerpo y con tanta abundancia, que no sosteniéndote de pie, has caído en un lago. Oh amor mío, se me rompe el corazón viéndote tan débil y agotado. Tu rostro adorable y tus manos creadoras, se apoyan en la tierra y se llenan de sangre. Me parece que a los ríos de iniquidad que te mandan las criaturas, quieras Tú dar ríos de sangre para hacer que todas las culpas queden en éstos, ahogadas, y dar a cada uno el perdón con tu Sangre.

Más, oh Jesús mío, reanímate, ya es demasiado lo que sufres, que ya se detenga tu amor. Y mientras parece que mi amable Jesús muere en su propia sangre, el amor le da de nuevo, vida. Lo veo moverse penosamente, se pone de pie y así, cubierto de sangre y fango, parece que quiere caminar, pero no teniendo fuerzas, fatigosamente se arrastra. Dulce vida mía, déjame que te lleve entre mis brazos. Es que, ¿vas acaso, a tus amados discípulos? Pero cuánto es el dolor de tu adorable Corazón, al encontrarlos nuevamente dormidos. Y Tú, con voz apagada y trémula, los llamas: "Hijos míos, no duerman, la hora está próxima. ¿No ven a qué estado me he reducido? Ah, ayúdenme, no me abandonen en estas horas extremas".

Casi vacilante, estás a punto de caerte a su lado, mientras Juan extiende sus brazos para sostenerte. Estás tan irreconocible, que de no haber sido por la suavidad y dulzura de tu voz, no te habrían reconocido. Después, recomendándoles que estén despiertos y que oren, vuelves al huerto, pero con una segunda herida en el corazón. En esta herida veo, oh bien mío, todas las culpas de aquellas almas, que a pesar de las manifestaciones de tus favores en dones, caricias y besos, en las noches de la prueba, olvidándose de tu amor y de tus dones, se quedan somnolientas y adormiladas, perdiendo así el espíritu de continua oración y vigilancia.

Jesús mío, es cierto que después de haberte visto y después de haber gustado tus dones, se necesita gran fuerza para quedar privados y resistir; sólo un milagro puede hacer que esas almas resistan la prueba. Por eso, mientras te compadezco por esas almas, cuyas negligencias, ligerezas y ofensas son las más amargas para tu Corazón, te ruego que en el momento que llegasen a dar un solo paso que pudiera en lo más mínimo entristecerte, las rodees de tanta gracia, que las detengas, para que no pierdan el espíritu de continua oración.

Dulce Jesús mío, mientras vuelves al huerto, parece que ya no puedes más. Levantas al cielo el rostro cubierto de sangre y de tierra y por tercera vez repites: "Padre, si es posible, pasa de mí este cáliz. Padre Santo, ayúdame; tengo necesidad de consuelo. Es verdad que por las culpas que he tomado sobre mí, soy repugnante, despreciable, el último entre los hombres ante tu Majestad infinita. Tu justicia está airada contra mí, pero mírame, oh Padre, pues siempre soy tu Hijo, y formo una sola cosa contigo. Ah, socorro, piedad. Oh Padre, no me dejes sin consuelo".

A continuación, oh bien mío, me parece escuchar que llamas en tu ayuda a la querida Mamá: "Dulce Mamá, estréchame entre tus brazos como me estrechabas siendo niño; dame aquella leche que tomaba de ti para darme fuerzas y endulzar las amarguras de mi agonía; dame tu Corazón que es todo mi contento. Madre mía, Magdalena, Apóstoles queridos, ustedes, todos los que me aman, ayúdenme, confórtenme, no me dejen solo en estos momentos extremos, háganme todos, corona a mi alrededor, denme el consuelo de su compañía y de su amor".

Jesús, amor mío, ¿quién puede resistir viéndote en estos extremos? ¿Qué corazón será tan duro que no se rompa, viéndote ahogado en tu Sangre? ¿Quién no derramará a torrentes, amargas lágrimas, al escuchar los dolorosos acentos con que buscas ayuda y consuelo? Jesús mío, consuélate; veo que ya el Padre te envía un Ángel como consuelo y ayuda, para que puedas salir de este estado de agonía, y puedas entregarte en manos de los judíos. Y mientras Tú estás con el Ángel, yo recorreré cielos y tierra. Tú me permitirás que tome esta sangre que has derramado, para que pueda dársela a todos los hombres, como prenda de salvación para cada uno, y llevarte el consuelo de la correspondencia de sus afectos, latidos, pensamientos, pasos y obras.

Celestial Madre mía, vengo a ti, para que juntas, vayamos a todas las almas y les demos la Sangre de nuestro Jesús. Dulce Mamá, Jesús quiere consuelo y el mayor consuelo que podemos darle, es llevarle almas. Magdalena, acompáñanos. Ángeles, todos, vengan a ver a qué estado se ha reducido Jesús. Él quiere consuelo de todos, y es tal y tan grande el abatimiento en que se encuentra Él, que no desdeña a ninguno.

Jesús mío, mientras bebes el cáliz lleno de intensas amarguras que el Padre te ha enviado, oigo que suspiras más, que gimes y que deliras, y con voz sofocada dices: "Almas, almas, vengan a aliviarme, tomen sitio en mi Humanidad. Los quiero, los suspiro. Ah, no sean sordos a mi voz, no hagan vanos mis deseos ardientes; mi Sangre, mi amor, mis penas. Vengan almas, vengan".

Delirante Jesús mío, cada uno de tus gemidos y suspiros es una herida para mi corazón, herida que no me da reposo, por lo que hago mía tu Sangre, tu querer, tu celo ardiente, tu amor; y recorriendo cielos y tierra, quiero ir a todas las almas para darles tu Sangre como prenda de salvación, y llevártelas a ti para calmar tus anhelos, tus delirios y endulzar las amarguras de tu agonía, y mientras hago esto, acompáñame Tú mismo con tu mirada.

Madre mía, vengo a ti porque Jesús quiere almas, quiere consuelo; dame, pues, tu mano materna y recorramos juntas todo el mundo en busca de almas. Encerremos en su Sangre los afectos, los deseos, los pensamientos y obras, los pasos de todas las criaturas, e incendiemos sus almas con las llamas de su Corazón, para que se rindan, y así, metidas en su Sangre y transformadas en sus llamas, las conduciremos en torno a Jesús para endulzarle las penas de su amarguísima agonía.

Ángel mío de mi guarda, precédenos tú y prepáranos las almas que han de recibir esta Sangre, para que ninguna gota se quede sin su copioso efecto.

Madre mía, pronto, pongámonos en camino; veo que Jesús nos sigue con su mirada, escucho sus repetidos sollozos, que nos incitan a apresurar nuestra tarea.

Y he aquí, oh Mamá, que ya a los primeros pasos, nos encontramos a las puertas de las casas donde yacen los enfermos. ¡Cuántos miembros llagados! Cuántos enfermos, bajo la atrocidad de los dolores, prorrumpen en blasfemias e intentan quitarse la vida. Otros se ven abandonados por todos, y no tienen quien les dé una palabra de consuelo, ni los más necesarios socorros, y por eso, más se lamentan contra Dios y se desesperan. ¡Ay! Mamá, escucho los sollozos de Jesús, pues ve correspondidas con ofensas, sus más delicadas predilecciones de amor, que hacen sufrir a las almas para hacerlas semejantes a Él. Ah, démosles su Sangre, para que las provea de las ayudas necesarias y les haga comprender con su luz, el bien que hay en el sufrir y la semejanza que adquieren con Jesús. Y Tú, Madre mía, ponte a su lado, y como Madre afectuosa, toca con tus manos maternas sus miembros doloridos, alívieles sus dolores, tómalas en tus brazos y derrama de tu Corazón, torrentes de gracias sobre todas sus penas. Haz compañía a los abandonados, consuela a los afligidos; para quienes carecen de los medios necesarios, dispón Tú a las almas generosas que los socorran; a quienes se encuentran bajo la atrocidad de los dolores, otórgales consuelo y reposo, para que así, aligerados, puedan con mayor paciencia sobrellevar todo lo que Jesús dispone para ellos.

Sigamos nuestro recorrido y entremos en la estancia de los moribundos. ¡Madre mía, qué terror! ¡Cuántas almas, hay a punto de caer en el infierno! Cuántas, después de una vida de pecado, quieren dar el último dolor a ese Corazón repetidamente traspasado, sellando su último respiro, con un último acto de desesperación. Muchos demonios están en torno a ellas, infundiendo en su corazón, terror y espanto de los divinos juicios, dándoles así, el último asalto para llevarlas al infierno. Desearían ellas avivar las llamas del infierno para envolverlas a ellas y no dar así lugar a la esperanza.

Otras, atadas por los apegos de la tierra no saben resignarse a dar el último paso. Ah Mamá, son los últimos momentos, tienen mucha necesidad de ayuda. ¿No ves cómo tiemblan? ¿Cómo se debaten entre los espasmos de la agonía? ¿Cómo piden ayuda y piedad? La tierra ya ha desaparecido para ellas. Mamá santa, ponles tu mano materna sobre sus heladas frentes, y acoge Tú, sus últimos respiros. Demos a cada moribundo la Sangre de Jesús, la que poniendo en fuga a todos los demonios, disponga a todos a recibir los últimos Sacramentos, y los prepare a una buena y santa muerte. Démosles el consuelo de la agonía de Jesús, sus besos, sus lágrimas y sus llagas; rompamos las ataduras que los tienen sujetos; hagamos oír a todos, las palabras del perdón y pongámosles tal confianza en el corazón, que hagamos que se arrojen en los brazos de Jesús. Y así Él, cuando los juzgue, los encuentre cubiertos con su Sangre y, abandonados en sus brazos, haga que quieran recibir, todo su perdón.

Pero continuemos, oh Mamá. Tus ojos maternos miren con amor la tierra, y se muevan a compasión por tantas pobres criaturas que necesitan esta Sangre. Madre mía, me siento incitada por la mirada indagadora de Jesús, a correr, porque quiere almas. Siento sus gemidos en el fondo de mi corazón, que repiten: "Hija mía, ayúdame, dame almas".

Mamá, cómo está llena la tierra de almas que están a punto de caer en el pecado, y cómo Jesús rompe en llanto, viendo su Sangre sufrir, nuevas profanaciones. Hace falta un milagro que les impida la caída; démosles la Sangre de Jesús para que encuentren en ella, la fuerza y la gracia para no caer en el pecado.

Un paso más, Madre mía, y he aquí, otras almas ya caídas en culpa, las cuales necesitan una mano que las levante. Jesús las ama, pero las mira horrorizado porque están enfangadas, y su agonía se hace aún más intensa. Démosles la Sangre de Jesús, para que encuentren así, esa mano que las levante. Mira, Mamá, son almas que tienen necesidad de esta Sangre, almas muertas a la gracia. Oh, qué lamentable es su estado. El cielo las mira y llora con dolor, la tierra las mira con repugnancia; todos los elementos están contra ellas y quisieran destruirlas, porque son enemigas del Creador. Oh Mamá, la Sangre de Jesús contiene la vida; démosela pues, para que a su contacto, estas almas resuciten y resurjan más hermosas, y hagan así, sonreír a todo el cielo y la tierra.

Pero sigamos, oh Mamá. Mira, hay almas que llevan la marca de la perdición, almas que pecan y huyen de Jesús; que lo ofenden y desesperan de su perdón. Son los nuevos Judas dispersos por la tierra, que traspasan ese Corazón tan amargado. Démosles la Sangre de Jesús, para que esta Sangre borre en ellos, la marca de la perdición y les imprima la de la salvación; para que ponga en sus corazones tanta confianza y amor después de la culpa, que los haga correr a los pies de Jesús, y estrecharse a esos pies divinos para no separarse jamás. Mira, oh Mamá, hay almas que corren locamente hacia la perdición y no hay quien detenga su carrera. Ah, pongamos esa Sangre ante sus pies, para que al tocarla, ante su luz y ante sus voces suplicantes que quieren salvarlas, puedan retroceder y ponerse en el camino de la salvación.

Continuemos, Mamá, nuestro recorrido. Mira, hay almas buenas, almas inocentes en las que Jesús encuentra sus complacencias y su descanso de la Creación. Pero las criaturas están en torno a ellas, con tantas insidias y escándalos para arrancar esta inocencia, y convertir las complacencias y el descanso de Jesús, en lágrimas y amarguras; como si no tuvieran más fin, que el de dar continuos dolores a ese Corazón divino. Sellemos y circundemos pues, su inocencia con la Sangre de Jesús, que sea como un muro de defensa, para que en ellas no entre la culpa. Pon en fuga, con su Sangre, a quienes quisieran contaminarlas, y consérvalas puras y sin mancha, para que en ellas, Jesús encuentre su descanso de la Creación y todas sus complacencias, y por amor de ellas, se mueva a piedad de tantas otras pobres criaturas.

Madre mía, pongamos estas almas en la Sangre de Jesús, atémoslas una y otra vez con el santo Querer de Dios, llevémoslas a sus brazos y con las dulces cadenas de su amor, atémoslas a su Corazón, para endulzar las amarguras de su mortal agonía.

Pero escucha, oh Mamá, esta sangre grita y quiere todavía más almas. Corramos juntas y vayamos a las regiones de herejes y de infieles. ¡Cuánto dolor siente Jesús, en estas regiones! Él, siendo vida de todos, no recibe en correspondencia ni siquiera un pequeño acto de amor, y no es conocido por sus mismas criaturas. Ah Mamá, démosles esta Sangre, para que les disipe las tinieblas de la ignorancia o de la herejía, para que les haga comprender que tienen un alma, y abra para ellas el cielo. Después, pongámoslas en torno a Él, como tantos hijos huérfanos y desterrados, que al fin encuentran a su Padre, y así Jesús se sentirá confortado en su amarguísima agonía.

Pero parece que Jesús no está aún contento, porque quiere más almas. En estas regiones de paganos e infieles, siente que de sus brazos le son arrancadas las almas de los moribundos, para ir a precipitarse en el infierno. Estas almas están ya, a punto de expirar y caer en el abismo, no hay nadie a su lado para salvarlas. ¡El tiempo apremia! Los momentos son extremos y se perderán sin duda. No, Mamá, esta Sangre no será derramada inútilmente por ellas, por tanto, volemos inmediatamente hacia ellas y derramemos sobre su cabeza, la Sangre de Jesús, para que les sirva de Bautismo e infunda en ellas la fe, la esperanza y la caridad. Ponte a su lado, Mamá, y suple Tú, todo lo que les falta; más aún, déjate ver. En tu rostro resplandece la belleza de Jesús, tus modos son en todo, iguales a los suyos; y por eso, viéndote, podrán conocer con certeza a Jesús. Estréchalas después a tu Corazón materno, infúndeles la vida de Jesús que Tú posees, diles que siendo Tú su Madre, las quieres para siempre, felices contigo en el cielo. Así, mientras expiran, recíbelas en tus brazos y haz que de los tuyos pasen a los de Jesús. Si Jesús mostrase, según los derechos de la justicia, que no puede recibirlas, recuérdale el amor con el que te las confió bajo la Cruz y reclama tus derechos de Madre, de manera que a tu amor y a tus plegarias, Él no pueda resistir, y mientras contente tu Corazón, contentará también tus ardientes deseos.

Y ahora, oh Mamá, tomemos esta Sangre y démosla a todos. A los afligidos, para que sean consolados; a los pobres, para que sufran su pobreza resignados y agradecidos; a los que son tentados, para que obtengan la victoria; a los incrédulos, para que en ellos triunfe la virtud de la Fe; a los blasfemos, para que cambien sus blasfemias en bendiciones; a los sacerdotes, para que comprendan su misión, y sean dignos ministros de Jesús. Toca sus labios con esta Sangre, para que no digan palabras que no sean de gloria a Dios. Toca sus pies para que corran y vuelen, en busca de almas y las conduzcan a Jesús. Demos esta Sangre a quienes rigen los pueblos, para que estén unidos y tengan mansedumbre y amor hacia sus súbditos.

Volemos ahora hacia el Purgatorio, y demos también esta Sangre a las almas penantes, pues ellas lloran y suplican esta Sangre para su liberación. ¿No escuchas, Mamá, sus gemidos y sus delirios de amor que las torturan? ¿Y cómo continuamente, se sienten atraídas hacia el sumo bien? ¿Ves, cómo Jesús mismo quiere purificarlas, para tenerlas cuanto antes consigo? Él las atrae con su amor, y ellas le corresponden con continuos ímpetus de amor hacia Él. Pero al encontrarse en su presencia, no pudiendo aun sostener la pureza de la divina mirada, no pueden sino retroceder y caer de nuevo en las llamas de amor purificador. Madre mía, descendamos en esta profunda cárcel, y derramando sobre ellas esta Sangre, llevémosles la luz, mitiguemos sus delirios de amor, extingamos el fuego que las abrasa, purifiquémoslas de sus manchas, para que así, libres de toda pena, vuelen a los brazos del Sumo Bien. Demos esta Sangre a las almas más abandonadas y olvidadas, para que encuentren en Ella, todos los sufragios que las criaturas les niegan. Demos a todas, oh Mamá, esta Sangre, no privemos a ninguna, para que en virtud de ella, todas encuentren alivio y liberación. Tú que eres Reina cumple tu oficio en estas regiones de llantos y de lamentos; extiende tus manos maternas y saca de estas llamas ardientes, una por una, a todas las almas, haciéndolas emprender a todas, el vuelo hacia el cielo.

Y ahora, hagamos también nosotras un vuelo hacia el cielo. Pongámonos a las puertas eternas y permíteme, oh Mamá, que también a ti te dé, esta Sangre para tu mayor gloria. Esta Sangre te inunda de nueva luz y de nuevos contentos; y haz que esta luz, descienda en beneficio de todas las criaturas, para darles a todas, la gracia de la salvación.

Ahora, Madre mía, dame también Tú a mí, esta Sangre. Tú sabes cuánto la necesito. Con tus mismas manos maternas, retoca todo mi ser con esta Sangre y retocándome, purifícame de mis manchas, cura mis llagas, enriquece mi pobreza, haz que esta Sangre circule por mis venas y me dé toda la vida de Jesús; que descienda a mi corazón y me lo transforme en su mismo Corazón; que me embellezca tanto, que Jesús pueda encontrar todas sus complacencias en mí.

Ahora sí, oh Mamá, entremos en las regiones del cielo y demos esta Sangre a todos los Bienaventurados, a todos los Ángeles, para que puedan tener mayor gloria, para que prorrumpan en himnos y acciones de gracias a Jesús, y rueguen por nosotros, viadores, para que en virtud de esta Sangre podamos un día reunirnos con ellos.

Y después de haber dado a todos esta Sangre, vayamos de nuevo a Jesús. Ángeles y Santos, vengan con nosotras. Ah, Él suspira las almas y quiere hacer entrar a todas en su Humanidad, para darles a todas los frutos de su Sangre. Pongámoslas, pues, en torno a Él y se sentirá volver a la vida, será su recompensa por la amarguísima agonía que ha sufrido.

Y ahora, Mamá santa, llamemos a todos los elementos a hacerle compañía, a fin de que ellos rindan también honor a Jesús. Oh luz del sol, ven a disipar las tinieblas de esta noche, para dar consuelo a Jesús. Oh estrellas, con sus centelleantes luces desciendan del cielo y vengan a consolar a Jesús. Flores de la tierra, vengan con sus perfumes; pajarillos de los aires, vengan con sus trinos; elementos todos de la tierra, vengan a confortar a Jesús. Ven, oh mar, a refrescar y a lavar a Jesús. Él es nuestro Creador, nuestra vida, nuestro todo; vengan todos a confortarlo, a rendirle homenaje, como a nuestro soberano Señor.

Pero, ¡ay!, Jesús no busca luz, ni estrellas, ni flores, ni aves. ¡Él quiere almas, almas! Helas aquí, dulce bien mío, a todas junto conmigo. A tu lado está nuestra Mamá querida. Descansa Tú, entre sus brazos; también ella tendrá consuelo al estrecharte a su regazo, pues ha participado intensamente en tu dolorosa agonía. También está aquí Magdalena, está Marta, y están todas las almas que te aman de todos los siglos. Oh Jesús, acéptalas y a todas di una palabra de amor y de perdón. En tu amor átalas a todas, para que no vuelva a huirte ningún alma. Pero parece que me dices: "Ah hija, cuántas almas por la fuerza huyen de mí y se precipitan en la ruina eterna. ¿Cómo podrá, entonces, calmarse mi dolor, si yo amo tanto a una sola alma, cuanto amo a todas las almas juntas".

Conclusión de la Agonía

Agonizante Jesús, parece que está por apagarse tu vida, oigo ya el estertor de tu agonía y veo tus hermosos ojos eclipsados por la cercana muerte, y tus santísimos miembros abandonados. Siento cada vez más, como que ya no respiras, y siento que el corazón se me rompe por el dolor. Te abrazo y te siento helado; te toco, y no das señales de vida. ¡Jesús! ¿estás muerto?

Afligida Mamá, Ángeles del cielo, vengan a llorar a Jesús; y no permitan que siga yo viviendo sin Él, porque no puedo. Y me lo estrecho más fuerte y siento que da otro respiro, y luego otra vez no da señales de vida. Y lo llamo, ¡Jesús, Jesús, vida mía, no te mueras! Ya oigo el ruido de tus enemigos que vienen a aprehenderte. ¿Quién te defenderá en el estado en que te encuentras?

Y Él, sacudido, parece que resurge de la muerte a la vida. Me mira y me dice: "Hija, ¿estás aquí? ¿Has sido espectadora de mis penas y de tantas muertes como he sufrido? Pues bien, debes saber, oh hija, que en estas tres horas de amarguísima agonía, he reunido en mí, todas las vidas de las criaturas; y he sufrido todas sus penas, hasta sus mismas muertes, dándoles a cada una mi misma vida. Mis agonías sostendrán las suyas; mis amarguras y mi muerte se tornarán para ellas, en fuente de dulzura y de vida. ¡Cuánto me cuestan las almas! ¡Si fuese al menos correspondido! Es por eso que has visto, cómo mientras moría, volvía a respirar. Eran las muertes de las criaturas que sentía en mí".

Fatigado Jesús mío, ya que has querido encerrar en ti, también mi vida y por lo tanto también mi muerte, te ruego que por esta amarguísima agonía tuya, vengas a asistirme en el momento de mi muerte. Yo te he dado mi corazón como refugio y reposo, mis brazos para sostenerte y todo mi ser a tu disposición. Y oh, con cuánto deseo me entregaría en manos de tus enemigos para poder morir yo, en lugar tuyo. Ven, oh vida de mi corazón, en aquel momento extremo a darme lo que te he dado, tu compañía, tu Corazón como lecho y descanso, tus brazos como sostén, tus respiros afanosos para aliviar mis afanes; de modo que al respirar, lo haré por medio de tu respiración, que como aire purificador, me purificará de toda mancha y me preparará la entrada en la felicidad eterna.

Más aún, dulce Jesús mío, aplicarás a mi alma, toda tu Humanidad santísima. De modo que al mirarme, me verás a través de ti mismo y viéndote a ti mismo en mí, no hallarás nada de qué juzgarme. Luego me bañarás en tu Sangre, me vestirás con la blanca vestidura de tu santísima Voluntad, me transfigurarás en el sol de tu amor y dándome el último beso, me harás emprender el vuelo de la tierra al cielo.

Y ahora, te ruego que hagas esto que quiero para mí, a todos los agonizantes; estréchatelos a todos en el abrazo de tu amor, y dándoles el beso de la unión, sálvalos a todos y no permitas que ninguno se pierda.

Afligido bien mío, te ofrezco esta hora, en la que he hecho memoria de tu Pasión y de tu muerte, para desarmar la justa ira de Dios por tantos pecados, por la conversión de los pecadores, por la paz de los pueblos, por nuestra santificación y en sufragio de las Almas del Purgatorio.

Pero veo que tus enemigos están ya cerca, y Tú quieres dejarme para ir a su encuentro. Jesús, permíteme que te bese en la mejilla, donde Judas osará besarte con su beso infernal. Permíteme que te limpie el rostro bañado en sangre, sobre el cual van a llover bofetadas y salivazos. Y Tú, estrechándome fuerte a tu Corazón, no dejarás que te deje jamás, sino que harás que te siga en todo. ¡Bendíceme!

OCTAVA HORA: 12 DE LA NOCHE A 1 DE LA MAÑANA
LA CAPTURA DE JESÚS

Oh Jesús mío, es ya medianoche. Ya oyes que se aproximan los enemigos. Te veo ahora limpiándote y enjugándote la sangre, y reanimado por los consuelos recibidos. Veo nuevamente a tus Apóstoles, a quienes llamas y los amonestas y te los llevas contigo. Y sales al encuentro de tus enemigos, queriendo con esto reparar con tu prontitud, mi lentitud, mi desgano y mi pereza en obrar y en sufrir por tu amor. Mas, oh Jesús mío, qué escena tan estrujante veo: Al primero que encuentras es al pérfido Judas, el cual, acercándose a ti y poniendo un brazo a tu hombro, te saluda y te besa; y Tú, amor entrañabilísimo, no desdeñas el beso de esos labios infernales. Abrazas a Judas y lo estrechas a tu Corazón, queriendo arrancarlo del infierno, dándole muestras de nuevo amor.

Jesús mío, ¿cómo es posible, no amarte? La ternura de tu amor es tanta, que debiera arrebatar a cada corazón a amarte, y sin embargo, no te aman. Mas, oh Jesús mío, en este beso de Judas, Tú reparas las traiciones, los fingimientos, los engaños bajo aspecto de amistad y de santidad, y sobre todo en los sacerdotes. Tu beso, además, declara que a ningún pecador, con tal que venga a ti, humillado y arrepentido, rehúsas perdonarlo.

57

Tiernísimo Jesús mío, ya que te entregas a merced de tus enemigos, dándoles el poder de hacerte sufrir todo lo que quieran; yo también, Jesús mío, me entrego a tus manos, para que libremente puedas hacer de mí, lo que más te agrade. Junto contigo, quiero seguir tu Voluntad, tus reparaciones y sufrir tus penas. Quiero estar siempre en torno a ti, para hacer que no haya ofensa que no te repare, amargura que no endulce, salivazos y bofetadas que recibas que no vayan seguidas por un beso y una caricia mía. En tus caídas, estarán siempre dispuestas mis manos a ayudarte para levantarte. De manera que, oh Jesús, siempre quiero estar contigo, ni un solo minuto quiero dejarte solo; y para estar más segura, introdúceme dentro de ti, y así yo estaré en tu mente, en tus miradas, en tu Corazón y en todo tu ser, para que lo que Tú haces pueda hacerlo también yo. Así podré hacerte fiel compañía y no pasar por alto ninguna de tus penas, y podré darte por todo, mi correspondencia de amor.

Dulce bien mío, a tu lado estaré para defenderte, para aprender tus enseñanzas y para numerar, una por una todas tus palabras. Ah, cómo me descienden, dulces en mi corazón, las palabras que dirigiste a Judas: "Amigo, ¿a qué has venido?". Me parece que a mí también me diriges las mismas palabras, no llamándome amiga, sino con el dulce nombre de Hija. "Hija, ¿a qué has venido?" Y yo te respondo: ¡Jesús, a amarte! "¿A qué has venido?" me dices, si hago oración. "¿A qué has venido?", me repites desde la Hostia santa, o si trabajo, o si tomo alimento, o si sufro, o si duermo. ¡Qué hermoso reclamo para mí y para todas las almas! Pero cuántos, a tu pregunta: "¿A qué has venido?", responden: "¡Vengo a ofenderte!" Otros, fingiendo no escucharte, se entregan a toda clase de pecados, y a tu pregunta: "¿A qué has venido?", responden con: "¡Irse al infierno!" Cuánto te compadezco, oh Jesús. Qui-

siera tomar esas mismas sogas con que van a atarte tus enemigos, para atar a estas almas y evitarte este dolor.

Y de nuevo oigo tu voz tiernísima que mientras sales al
encuentro de tus enemigos, dice: "¿A quién buscan?" Y ellos
responden: "A Jesús Nazareno". Y Tú les dices: "Yo Soy". Y
con estas solas palabras dices todo y te das a conocer por lo
que eres, tanto que tus enemigos tiemblan y caen por tierra,
como muertos. Y Tú, amor sin par, diciendo de nuevo: "Yo
Soy", los vuelves a llamar a la vida, y por ti mismo, te entregas
en manos de tus enemigos. Y ellos, pérfidos e ingratos, en vez
de quedar humildemente postrados a tus pies y pedirte perdón, abusando de tu bondad y despreciando gracias y prodigios, te ponen las manos encima, y con sogas y cadenas te
atan, te inmovilizan, te hacen caer por tierra, te pisotean bajo
sus pies, te arrancan los cabellos. Y Tú, con paciencia inaudita callas, sufres y reparas las ofensas de los que, a pesar de
los milagros, no se rinden, sino que además, cada vez más se
obstinan. Con tus sogas y cadenas, suplicas que sean rotas las
cadenas de nuestras culpas, y nos atas con las dulces cadenas
de tu amor. Y a San Pedro, que quiere defenderte y llega hasta
a cortar una oreja a Malco, lo corriges amorosamente; quieres reparar con esto, las obras buenas que no son hechas con
santa prudencia, y que por excesivo celo, caen en la culpa.

Pacientísimo Jesús mío, estas cuerdas y cadenas perecen
añadir algo más hermoso a tu persona. Tu frente se hace más
majestuosa, tanto que atrae la atención de tus mismos enemigos, tus ojos resplandecen con más luz, tu rostro divino
manifiesta una suprema paz y dulzura, capaz de enamorar a
tus mismos verdugos; con tus modos suaves y penetrantes,
los haces temblar tanto, que si se atreven a ofenderte, es porque Tú mismo así lo consientes.

Oh amor encadenado y atado. ¿Es que vas a permitir, que estando Tú atado por mí, para probar más que me amas, yo, que soy tu pequeña hija, esté sin cadenas? ¡No! ¡No! Con tus manos santísimas átame, con tus mismas sogas y cadenas. Te ruego que ates, mientras beso tu frente divina, todos mis pensamientos, mis ojos, mis oídos, mi lengua, mi corazón, mis afectos y todo mi ser; y que ates a todas las criaturas, para que sintiendo las dulzuras de tus amorosas cadenas, no se atrevan a ofenderte más.

Ah, dulce bien mío, ya es la una de la madrugada y la mente está cargada de sueño. Voy a hacer lo más que pueda por mantenerme despierta, pero si el sueño me sorprende, me quedo en ti para seguir lo que haces Tú; es más, Tú mismo lo harás por mí. En ti, Jesús mío, dejo mis pensamientos para defenderte de tus enemigos, mi respiración para hacerte compañía, mis latidos para que te digan siempre que te amo y para darte el amor que no te dan los demás; y las gotas de mi sangre para repararte, y para restituirte los honores y la estima, que te quitarán con los insultos, salivazos y bofetadas.

Jesús mío, bendíceme. Y si Tú quieres que duerma, hazme dormir en tu adorable Corazón, para que por tus latidos, acelerados por el amor o por el dolor, pueda ser yo despertada frecuentemente, y así no quede interrumpida nunca nuestra compañía.

Novena Hora: 1 a 2 de la mañana
Jesús, atado, es hecho caer en el torrente Cedrón

Amado bien mío, mi pobre mente te sigue entre la vigilia y el sueño. ¿Cómo puedo abandonarme del todo al sueño, si veo que todos te dejan y huyen de ti? Los mismos Apóstoles, el ferviente Pedro, que hace poco dijo que quería dar su vida por ti, el discípulo predilecto, que con tanto amor has hecho reposar sobre tu Corazón. Ah, todos te abandonan, y te dejan a merced de tus crueles enemigos.

Jesús mío, estás solo, y tus purísimos ojos miran a tu alrededor, para ver si alguno de aquellos a quienes has hecho tanto bien, te sigue para testimoniarte su amor y para defenderte. Y al descubrir que ninguno, ninguno ha quedado fiel, el Corazón se te oprime y rompes en amargo llanto, pues sientes aún más el dolor por el abandono de tus más fieles amigos, que por lo que están haciéndote tus mismos enemigos. No llores, Jesús mío, o haz que yo llore contigo.

Y mi amable Jesús, parece que me dice: "Ah hija mía, lloremos juntos la suerte de tantas almas consagradas a mí, y que por pequeñas pruebas o por incidentes de la vida, no se ocupan de mí y me dejan solo. Lloremos juntos por tantas otras almas tímidas y cobardes, que por falta de valor y de confianza, me abandonan. Por tantos sacerdotes, que al no hallar su propio gusto en las cosas santas, en la administra-

61

ción de los Sacramentos, no se ocupan de mí. Por otros que predican, que celebran la santa Misa, o que confiesan por amor al interés y a su propia gloria, y mientras parece que están a mi alrededor, siempre me dejan solo. Ah hija mía. ¡Qué duro es para mí, este abandono! No sólo me lloran los ojos, sino que me sangra el Corazón. Ah, te ruego que mitigues mi acerbo dolor, prometiéndome que no me dejarás nunca más solo". Sí, oh mi Jesús, te lo prometo, ayudada por tu gracia y en la firmeza de tu Voluntad divina.

Mientras lloras por el abandono de los tuyos, tus enemigos no olvidan ningún ultraje que puedan hacerte. Oprimido y atado como estás, oh bien mío, tanto que no puedes por ti mismo dar un paso; te pisotean, te arrastran por esas calles llenas de piedras y de espinas. No hay movimiento que te hagan hacer, en el que no te hagan tropezar en las piedras y herirte con las espinas. Ah Jesús mío, veo que mientras te maltratan, vas dejando tras de ti, tu Sangre preciosa y los rubios cabellos que te arrancan de la cabeza.

Vida mía y todo mío, permíteme que los recoja, a fin de poder atar todos los pasos de las criaturas, que ni aun de noche, dejan de herirte; al contrario, se aprovechan de la noche para herirte aún más. Unos con sus encuentros, otros con placeres, con teatros y diversiones, otros se sirven de la noche hasta para llevar a cabo robos sacrílegos. Jesús mío, me uno a ti para reparar por todas estas ofensas que se hacen en la noche.

Mas, oh Jesús, ya estamos en el torrente Cedrón, y los pérfidos judíos te empujan a él, y al empujarte, te hacen que te golpees contra las piedras que hay ahí, con tanta fuerza, que de tu boca derramas tu preciosísima Sangre, con la cual dejas selladas aquellas piedras.

Después, tirando de ti, te arrastran bajo aquellas aguas negras, las que te entran por los oídos, en la nariz y en la boca. Oh amor incomparable, quedas todo bañado y como cubierto por un manto por aquellas aguas negras, nauseantes y frías. Y en ese estado representas vivamente, el estado deplorable de las criaturas cuando cometen el pecado. Oh, cómo quedan cubiertas por dentro y por fuera, con un manto de inmundicia que da asco al cielo y a cualquiera que pudiese verlas, de modo que atraen sobre ellas, los rayos de la divina justicia.

Oh vida de mi vida. ¿Puede haber amor más grande? Para despojarnos de este manto de inmundicia, permites que tus enemigos te hagan caer en ese torrente, y para reparar por los sacrilegios y las frialdades de las almas que te reciben sacrílegamente y que te obligan a que entres en sus corazones, peores que el torrente, y que sientas toda la náusea de sus almas. Permites que esas aguas penetren hasta en tus entrañas, tanto que tus enemigos, temiendo que te ahogues y queriendo reservarte para mayores tormentos, te sacan fuera; pero causas tanta repugnancia, que ellos mismos sienten asco de tocarte.

Mansísimo Jesús mío, ya estás fuera del torrente, y mi corazón no resiste al verte tan empapado por esta agua repugnante. Veo que por el frío, tiemblas de pies a cabeza. Miras a tu alrededor buscando con los ojos, lo que no haces con la voz, a uno al menos a que te seque, que te limpie y te caliente, pero en vano. No hay nadie que se mueva con compasión por ti. Los tuyos te han abandonado y la dulce Mamá está lejos, porque así lo dispone el Padre.

Pero aquí me tienes, Jesús, ven a mis brazos. Quiero llorar hasta formarte un baño para limpiarte y lavarte, y con mis manos, ordenarte los desordenados cabellos.

Amor mío, quiero encerrarte en mi corazón, para calentarte con el calor de mis afectos. Quiero perfumarte con mis deseos insistentes. Quiero reparar estas ofensas y empeñar mi vida, junto con la tuya, para salvar a todas las almas. Quiero ofrecerte mi corazón como lugar de reposo, para poderte reconfortar en alguna forma, por las penas que has sufrido hasta aquí. Después, continuaremos de nuevo, el camino de tu Pasión.

Décima Hora: 2 a 3 de la mañana
Jesús es presentado a Anás

Jesús sea siempre conmigo. Mamá dulcísima, sigamos juntas a Jesús. Jesús mío, centinela divino. Tú, que en el Corazón me velas y no queriendo continuar solo, sin mí, me despiertas y me haces hallar contigo, en casa de Anás.

Ya te encuentras en ese momento, en que Anás te interroga sobre tu doctrina y sobre tus discípulos. Y Tú, oh Jesús, para defender la gloria del Padre, abres tu sacratísima boca y con voz sonora y llena de dignidad respondes: "Yo he hablado en público, y todos los que aquí están me han escuchado".

A estas dignas palabras tuyas, todos se sienten temblar, pero es tanta la perfidia, que un siervo queriendo honrar a Anás, se acerca a ti y con guante de hierro te da una bofetada, tan fuerte que te hace tambalear, mientras se hace lívido tu rostro santísimo.

Ahora comprendo, dulce vida mía, porque me has despertado. Tenías razón. ¿Quién había de sostenerte, en este momento en que estás por caer? Tus enemigos rompen en risotadas satánicas, en silbidos y en palmadas, aplaudiendo un acto tan injusto, mientras que Tú, tambaleándote, no tienes en quien apoyarte. Jesús mío, te abrazo, más aún, quiero hacerte un apoyo con mi ser. Te ofrezco mi mejilla con ánimo, preparada a soportar cualquier pena por tu amor. Te compadezco por este ultraje, y unida a ti, te reparo por las timideces de tantas almas que fácilmente se desaniman; por aquellos que por temor, no dicen la verdad; por las faltas de respeto, debidas a los sacerdotes y por las murmuraciones.

Pero veo, afligido Jesús mío, que Anás te envía a Caifás. Tus enemigos te precipitan por la escalinata y tú, amor mío, en esta dolorosa caída, reparas por aquellos que de noche caen en la culpa, aprovechando la obscuridad, y llamas a los herejes y a los infieles a la luz de la fe.

También yo quiero seguirte en esas reparaciones, y mientras llegas ante Caifás, te envío mis suspiros para defenderte de tus enemigos. Y Tú, sigue haciéndome de centinela mientras duermo y despiértame cuando tengas necesidad. Así pues, dame un beso y bendíceme, y yo beso tu Corazón y en él, continúo mi sueño.

Afligido y abandonado bien mío, mientras mi débil naturaleza duerme en tu dolorido Corazón divino, yo, entre la vigilia y el sueño, siento los golpes que te dan, y despertándome te digo: Pobre Jesús mío; abandonado por todos, sin nadie que te defienda. Pero desde dentro de tu Corazón, yo te ofrezco mi vida para servirte de apoyo, en el momento en que te hacen tropezar. Y me adormezco de nuevo; pero otra sacudida de amor, de tu Corazón divino, me despierta y me siento ensordecer por los insultos que te hacen, por las voces, por los gritos, por el correr de la gente. Amor mío, ¿cómo es, qué están todos contra ti? ¿Qué has hecho, que como tantos lobos feroces, te quieren despedazar? Siento que la sangre se me hiela al oír los preparativos de tus enemigos. Tiemblo y estoy triste, pensando, qué podré hacer para defenderte.

Pero mi afligido Jesús, teniéndome en su Corazón, me estrecha más fuerte y me dice: "Hija mía, no he hecho nada de mal. Oh, el delito del amor contiene todos los sacrificios, el amor de precio ilimitado. Aún estamos al principio; mantente en mi Corazón; observa todo, ámame, calla y aprende. Haz que tu sangre helada corra en mis venas para dar descanso a mi Sangre, que es toda llamas. Haz que tu temblor esté en mis miembros, para que fundida tú conmigo, puedas estar firme y calentarte; para que sientas parte de mis penas y al mismo tiempo adquieras fuerza, al verme tanto sufrir. Esta será la más hermosa defensa que me hagas; sé fiel y atenta conmigo".

Dulce amor mío, el escándalo de tus enemigos es tal y tan grande, que no me permite dormir más. Los golpes se hacen cada vez más violentos. Oigo el rumor de las cadenas con las que te han atado tan fuertemente, que te hacen sangrar por las muñecas, y vas dejando las huellas de tu Sangre en aquellas calles. Recuerda que mi sangre está en la tuya, y al derramarla, mi sangre te la besa, la adora y la repara. Y mientras te arrastran y el ambiente ensordece por los gritos y los silbidos, haz que mi sangre sea luz, para aquellos que de noche te ofenden; que sea un imán que atraiga a todos los corazones en torno a ti, amor mío y todo mío.

Ya llegas ante Caifás, y te muestras todo mansedumbre, modestia, humildad. Tu dulzura y tu paciencia es tanta, como para aterrorizar a tus mismos enemigos, y Caifás, todo una furia, quisiera devorarte. Ah, qué bien se distingue a la inocencia y al pecado. Amor mío, Tú estás ante Caifás como el más culpable, como quien va a ser condenado. Caifás pregunta a los testigos, cuáles son tus delitos. Ah, mejor hubiera hecho, preguntando cuál es tu amor. Y hay quien te acusa de una cosa y quien, de otra; diciendo necedades y contradiciéndose entre ellos. Y mientras ellos te acusan, los esbirros que están junto a ti, te tiran de los cabellos, descargan sobre tu rostro santísimo horribles bofetadas, que resuenan en toda la sala; te tuercen los labios, te golpean. Y Tú callas, sufres y, si los miras, la luz de tus ojos desciende a sus corazones, y ellos, no pudiendo sostener tu mirada, se alejan de ti, pero otros intervienen para hacerte sufrir más.

Pero entre tantas acusaciones y ultrajes, veo que aguzas el oído y que el corazón te late con mayor violencia, como si fuese a estallar por el dolor. Dime, afligido bien mío, ¿qué sucede ahora? ¿Por qué veo todo eso que te están haciendo tus enemigos? Es tan grande tu amor que con ansia lo esperas y lo ofreces por nuestra salvación. Y tu Corazón repara con toda calma, las calumnias, los odios, los falsos testimonios, el mal que se hace a los inocentes con premeditación; y reparas por aquellos que te ofenden por instigación de sus jefes, y por las ofensas de los eclesiásticos. Pero ahora, mientras en unión contigo, sigo tus mismas reparaciones, siento en ti un cambio, un nuevo dolor no sentido nunca, hasta ahora. Dime, dime, ¿qué pasa? Hazme partícipe en todo, oh Jesús.

"Hija, ¿quieres saberlo? Oigo hasta aquí la voz de Pedro que dice no conocerme, y ha jurado y ha perjurado por tercera vez, que no me conoce. Oh Pedro ¿cómo? ¿No me conoces? ¿No recuerdas con cuántos bienes te he colmado? Oh, si los demás me hacen morir de penas, tú me haces morir de dolor. Oh, cuánto mal has hecho, al seguirme desde lejos y exponiéndote después a la ocasión".

Negado bien mío, cómo se conocen inmediatamente las ofensas de los tuyos más queridos. Oh Jesús, quiero hacer correr mis latidos en los tuyos, para mitigar el dolor atroz que sufres, y mi palpitar en el tuyo, te jura fidelidad y amor; y yo con él, mil y mil veces repito y juro que te conozco. Pero tu amor no se calma todavía, y tratas de mirar a Pedro. A tus miradas amorosas, llenas de lágrimas por su negación, Pedro se enternece, llora y se retira de allí, y Tú, habiéndolo puesto a salvo, te calmas y reparas las ofensas de los Papas, y de los jefes de la Iglesia, sobre todo de aquellos que se exponen a las ocasiones.

Pero tus enemigos continúan acusándote, y viendo Caifás que nada respondes a sus acusaciones, te dice: "Te conjuro por el Dios vivo. Dime, ¿eres Tú verdaderamente, el Hijo de Dios?". Y Tú, amor mío, teniendo siempre en tus labios palabras de verdad, con una actitud de majestad suprema y con voz sonora y suave, ante lo cual quedan todos asombrados y los mismos demonios se hunden en el abismo, respondes: "Tú lo has dicho: ¡Sí, Yo soy el verdadero Hijo de Dios! Y un día vendré en las nubes del cielo, para juzgar a todas las naciones".

Ante tus palabras, todos quedan en silencio, sintiendo escalofríos de espanto. Pero Caifás, después de algunos instantes de espanto, reaccionando furibundamente, más que una bestia feroz, dice a todos: "¿Qué necesidad tenemos ya de testigos? Ha dicho una inmensa blasfemia. ¿Qué esperamos para condenarlo? ¡Ya es reo de muerte!". Y para dar mayor fuerza a sus palabras, se rasga las vestiduras con tanta rabia y furor, que todos, como si fuesen uno solo, se lanzan contra ti, bien mío. Y hay quien te da puñetazos en la cabeza, quien te tira por los cabellos, quien te da bofetadas, unos te escupen en la cara, otros te pisotean con los pies. Los tormentos que te dan son tales y tantos, que la tierra tiembla y los cielos quedan sacudidos.

Amor mío y vida mía, al ver que tanto te atormentan, mi pobre corazón queda lacerado por el dolor. Ah, permíteme que salga de tu dolorido Corazón, y que yo, en tu lugar, afronte todos estos ultrajes. Ah, si me fuese posible, quisiera arrebatarte de entre las manos de tus enemigos, pero Tú no quieres, porque esto lo exige la salvación de todos. Y yo me veo obligada a resignarme.

Pero, dulce amor mío, déjame que al menos te limpie, que te arregle los cabellos, que te quite los salivazos, que te limpie y te seque la sangre, y que me encierre en tu Corazón, pues veo que Caifás, hastiado, quiere retirarse, entregándote en manos de los soldados.

Por tanto, te bendigo. Tú también bendíceme, y dándome el beso del amor, enciérrame en el horno de tu Corazón divino, para conciliar el sueño. Y poniendo mi boca sobre tu Corazón, al respirar te besaré, y según la diversidad de tus latidos, más o menos sufrientes, podré advertir si sufres o descansas. Y así, protegiéndote con mis brazos para tenerte defendido, te abrazo y me estrecho fuerte a tu Corazón, y duermo.

Décima segunda Hora: 4 a 5 de la mañana
Jesús en medio de los soldados

Vida mía, Jesús dulcísimo, mientras dormía fundida en tu Corazón, sentía muy a menudo las punzadas de las espinas que herían a tu Corazón sacratísimo. Queriéndome despertar contigo para ser una, que conoce todas tus penas y que te compadece, me estrecho aún más fuerte a tu Corazón, y sintiendo aún más vivas las punzadas, me despierto.

Pero, ¿qué veo? ¿qué siento? Quisiera esconderte dentro de mi corazón, para ponerme yo en lugar tuyo y recibir sobre mí, penas tan dolorosas, insultos y humillaciones tan increíbles, y ultrajes tan bárbaros, que sólo tu amor podría soportar. Pacientísimo Jesús mío, qué podías esperar de gente tan inhumana.

Ya veo que se divierten contigo, y te cubren el rostro con densos salivazos. La luz de tus hermosos ojos, queda eclipsada por los salivazos, y Tú, derramando ríos de lágrimas por nuestra salvación con ellos, de tus ojos retiras esos salivazos. Pero aquellos malvados, no soportando su corazón, ver la luz de tus ojos, vuelven a cubrirlos de nuevo. Otros, haciéndose más atrevidos en el mal, te abren tu dulcísima boca y te la llenan de hediondos salivazos, de lo que hasta ellos mismos, sienten asco. Y como esos salivazos caen en parte, y en parte muestran, la majestad de tu rostro y tu

sobrehumana dulzura, ellos se sienten estremecer y se aver-
güenzan de ellos mismos. Y para sentirse más libres, te vendan los ojos con un trapo repugnante, y así poder del todo,
desenfrenarse contra tu adorable persona. De manera que
te golpean sin piedad, te arrastran, te pisotean bajo sus pies,
vuelven a descargar los puñetazos y las bofetadas sobre tu
rostro y en tu cabeza, rasguñándote, tirando de tus cabellos
y empujándote de un lado para otro.

Jesús, amor mío, mi corazón no resiste viéndote en tantas
penas. Tú quieres que ponga atención a todo, pero yo siento que quisieras cubrirme los ojos, para no ver escenas tan
dolorosas, que arrancan de cada pecho, los corazones. Pero
tu amor me obliga a ver lo que sucede contigo. Y veo que no
abres la boca, que no dices ni una palabra para defenderte,
que estás en manos de estos esbirros como un harapo y que
te pueden hacer lo que quieren; y al verlos saltar sobre ti,
temo que mueras bajo sus pies.

Bien mío y todo mío, inmenso es el dolor que siento por
tus penas. Quisiera gritar tan fuerte, que me hiciera oír allá
arriba, en el cielo, para llamar al Padre, al Espíritu Santo y a
todos los Ángeles. Y aquí en la tierra, de un extremo a otro,
para llamar a la dulce Mamá y a todas las almas que te aman,
a fin de que haciendo un cerco en torno a ti, impidamos
que se acerquen esos insolentes soldados, para insultarte y
atormentarte. Y juntamente contigo, reparemos toda clase
de pecados nocturnos, sobre todo, los que cometen los sec-
tarios sobre tu sacramental persona en las horas de la noche;
y todas las ofensas de las almas que no se mantienen fieles,
en la noche de la prueba.

Pero veo, oh insultado bien mío, que los soldados, ebrios
y cansados, quieren descansar. Y mi pobre corazón, opri-

mido y lacerado por tantas penas tuyas, no quiere quedarse solo contigo, siente la necesidad de otra compañía.

Ah dulce Madre mía, sé Tú mi inseparable compañía; me estrecho fuerte a tu mano materna y te la beso. Tú fortifícame con tu bendición. Y Jesús, abrazándonos juntas, nos hace apoyar nuestra cabeza, sobre su dolorido Corazón, para consolarlo.

Oh Jesús, junto con nuestra Mamá te beso y te bendigo; y en unión con Ella, tomaremos el sueño del amor, sobre tu adorable Corazón.

Décima tercera Hora: 5 a 6 de la mañana
Jesús en la prisión

Prisionero Jesús mío, me despierto y no te encuentro. El corazón me late fuerte y delira de amor. Dime, ¿dónde estás? Ángel mío, llévame a casa de Caifás. Pero por más que busco, recorro e indago por todas partes, no te encuentro. Pronto, amor mío, mueve con tus manos las cadenas con que tienes atado mi corazón al tuyo, y atráeme hacia ti, para que atraída por ti, pueda emprender el vuelo para ir a arrojarme en tus brazos. Amor mío, ya siento que me atraes, herido por mi voz y queriendo mi compañía. Pero veo que te han puesto en la cárcel. Y mi corazón, mientras exulta de gozo por encontrarte, me lo siento herido de dolor, al ver a qué estado te han reducido.

Te veo con las manos atrás, atadas a una columna, con los pies inmovilizados y atados, con tu santísimo rostro golpeado, hinchado y ensangrentado por las bárbaras bofetadas recibidas. Tus ojos santísimos están lívidos, con la mirada cansada y apagada por la vigilia, tus cabellos todos en desorden, tu santísima persona toda golpeada y hay que agregar, que no te puedes valer por ti solo para ayudarte y limpiarte, porque estás atado. Y yo, oh Jesús mío, llorando y abrazándome a tus pies exclamo: ¡Ay!, cómo te han dejado, oh Jesús.

Y Jesús, mirándome, me responde: "Ven, oh hija, y pon atención a todo lo que ves que hago yo, para que lo hagas tú junto conmigo; y pueda yo así, continuar mi vida en ti".

Veo con asombro, que en vez de ocuparte de tus penas, con un amor indecible, quieres ocuparte en glorificar al Padre, para darle satisfacción por todo lo que nosotros estamos obligados a hacer. Y llamas en torno a ti, a todas las almas, para tomar sobre ti, todos sus males y darles todos tus bienes.

Como ya hemos llegado al alba del nuevo día, oigo tu voz dulcísima que dice: "Padre Santo, te doy las gracias por todo lo que he sufrido y por lo que me queda por sufrir. Y así como esta aurora llama al día, y el día hace surgir el sol, quiero que así, la aurora de la gracia despunte en todos los corazones. Y haciéndose día, Yo, Sol Divino, surja en todos los corazones y reine en todos. Mira, oh Padre, a todas las almas, pues yo quiero responderte por todas ellas; por sus pensamientos, por sus palabras, por sus obras, por sus pasos, a costa de mi Sangre y de mi muerte".

Jesús mío, amor sin límites, me uno a ti y también yo te agradezco por cuánto me has hecho sufrir y por lo que me quede por sufrir. Te suplico que hagas surgir en todos los corazones, la aurora de la gracia para que Tú, Sol Divino, puedas resurgir y reinar en ellos.

Pero veo que Tú, dulce Jesús mío, también reparas por todas las primicias de los pensamientos, de los afectos y de las palabras que desde el principio del día nos son ofrecidos a ti, para darte honor; y reúnes en ti, como si fueran uno solo, los pensamientos, los afectos y las palabras de las criaturas, para dar al Padre la reparación y la gloria que ellas le deben.

Jesús mío, Maestro divino, ya que disponemos en esta prisión de una hora libre y estamos solos, quiero hacer, no sólo lo que haces Tú, sino limpiarte, ordenarte los cabellos y fundirme toda en ti. Por tanto, me acerco a tu santísima cabeza, y ordenándote los cabellos, quiero repararte por tantas mentes ofuscadas y llenas de tierra, que no tienen ni siquiera un pensamiento para ti. Fundiéndome en tu mente, quiero reunir en ti, todos los pensamientos de las criaturas y fundirlos en tus pensamientos, para hallar suficiente reparación por todos los malos pensamientos y por tantas luces y santas inspiraciones sofocadas. Quiero hacer de todos los pensamientos, uno solo con los tuyos, para darte la verdadera reparación y perfecta gloria.

Afligido Jesús mío, beso tus ojos cargados de lágrimas y de tristeza, y como tienes las manos atadas a la columna, no puedes secártelos, ni limpiarte los salivazos con que te han ensuciado. Y como es insoportable la postura en que te han atado, no puedes cerrar los ojos cansados, para reposar un poco. Yo quiero enjugarte los ojos, y suplicarte perdón, dándote reparación por todas las veces que no hemos tenido la intención de agradarte y de mirarte, para ver qué querías de nosotros, qué debíamos de hacer y a dónde querías que fuésemos. Y en tus ojos quiero fundir los míos y los de todas las criaturas, para poder reparar con tus mismos ojos, todo el mal que hemos hecho con la vista.

Piadoso Jesús mío, beso tus oídos santísimos, para repararte por los insultos de toda la noche y mucho más todavía, por el eco que resuena en tus oídos; por todas las ofensas de las criaturas. Te pido perdón y te reparo, por todas las veces que nos has llamado y hemos sido sordos, fingiendo no escucharte, y Tú, cansado, bien mío, has repetido tu llamada, pero en vano. Quiero fundir en tus oídos los míos y los de todas las criaturas, para darte una continua reparación completa.

Enamorado Jesús, beso tu rostro santísimo, todo lívido e hinchado por los golpes. Te pido perdón y te reparo, por cuantas veces nos has llamado a ser víctimas de reparación y nosotros, uniéndonos a tus enemigos, te hemos dado bofetadas y salivazos. Jesús mío, quiero fundir mi rostro en el tuyo, para restituirte tu hermosura natural y darte entera reparación por todos los desprecios hechos a tu adorable majestad.

Amargado bien mío, beso tu dulcísima boca, dolorida por los golpes y abrasada por el amor. Quiero en tu lengua, fundir la mía y la de todas las criaturas, para reparar con tu misma lengua, por todos los pecados y las conversaciones malas que se tienen. Quiero, sediento Jesús mío, hacer de todas las voces, una sola con la tuya, para hacer que cuando las criaturas estén a punto de ofenderte, tu voz, corriendo en las voces de ellas, sofoque esas voces de pecado y las cambie a voces de alabanza y de amor.

Enamorado Jesús, beso tu cuello oprimido por esas pesadas cadenas y cuerdas, que yéndote desde el pecho hasta detrás de los hombros y sujetándote los brazos, te tienen fuertemente atado a la columna. Tus manos ya están hinchadas y amoratadas por la estrechez de las ataduras, tanto, que de ellas brota sangre.

Ah, Jesús encadenado, permíteme que te desate, y si gustas ser atado, te ato con las cadenas del amor que te aliviarán siendo dulces, en vez de hacerte sufrir. Mientras te desato, quiero fundirme en tu cuello, en tu pecho, en tus hombros, en tus manos y en tus pies, para poder reparar contigo por todos los apegos y llevar a todas las almas, las cadenas de tu amor. Para reparar por todas las frialdades y llenar los pechos de todas las criaturas con tu fuego, porque veo que es tanto el que Tú tienes, que no puedes contenerlo. Para reparar por todos los placeres ilícitos y el amor a las comodidades, y dar a todos el espíritu de sacrificio y el amor al sufrimiento. Quiero fundirme en tus manos, para reparar por todas las malas obras, y por el bien hecho malamente y con presunción, y dar a todos el perfume de tus obras. Y fundiéndome en tus pies, encierro todos los pasos de las criaturas, para repararte y dar tus pasos a todos, para hacerlos caminar santamente.

Y ahora, dulce vida mía, permíteme que fundiéndome en tu Corazón, encierre todos los afectos, los latidos, los deseos, para repararlos contigo, y dar tus afectos, tus latidos y tus deseos a todos, para que ninguno vuelva a ofenderte.

Pero oigo ya, que en mis oídos resuena el chirrido de la llave. Son tus enemigos que vienen a llevarte. Jesús, ¡me siento estremecer! Me siento helar la sangre, porque Tú estarás de nuevo en manos y a merced de ellos. ¿Qué va a ser de ti? Pero me parece oír también el ruido de las llaves de los sagrarios. Cuántas manos profanadoras vienen a abrirlos y tal vez a hacerte descender a corazones sacrílegos. En cuántas manos indignas te ves forzado a encontrarte. Prisionero Jesús mío, quiero encontrarme en todas tus cárceles de amor, para ser espectadora cuando tus Ministros te sacan, y hacerte compañía y repararte por las ofensas que recibes.

Pero veo que tus enemigos ya llegan, y Tú saludas al naciente sol, al último de tus días, y ellos, al desatarte, viéndote lleno de majestad y que los miras con tanto amor, en pago descargan sobre tu rostro, bofetadas tan fuertes, que lo hacen enrojecer y ensangrentar con tu preciosísima Sangre.

Amor mío, antes que salgas de la prisión, en mi dolor, te ruego que me bendigas para tener la fuerza de seguirte en todo lo demás de tu Pasión.

DÉCIMA CUARTA HORA: 6 A 7 DE LA MAÑANA
JESÚS DE NUEVO ANTE CAIFÁS Y DESPUÉS ES LLEVADO A PILATOS

Dolorido Jesús mío, ya estás fuera de la prisión, pero estás tan agotado, que a cada paso, vacilas. Yo quiero ponerme a tu lado, para sostenerte cuando estés a punto de caer. Pero veo que los soldados te presentan ante Caifás. Y Tú, Jesús mío, como sol, apareces en medio de ellos; y aunque desfigurado, envías luz por todas partes. Veo que Caifás se estremece de gusto al verte tan malamente reducido, y a los reflejos de tu luz, se ciega todavía más. En su furor, te pregunta de nuevo: "¿Así que Tú eres verdaderamente, el Hijo de Dios?". Y Tú, amor mío, con una majestad suprema, con una voz llena de gracia y con tu habitual acento tan dulce y conmovedor, que rapta los corazones, respondes: "Sí, Yo soy el verdadero Hijo de Dios". Y ellos, a pesar de que sienten en sí mismos, la potencia de tus palabras, sofocando todo y sin querer saber más, gritan con voces unánimes: "¡Es reo de muerte, es reo de muerte!".

Caifás confirma la sentencia de muerte y te envía a Pilatos. Y Tú, viéndote condenado, aceptas esta sentencia con tanto amor y resignación, que casi la arrebatas al inicuo pontífice y reparas por todos los pecados, hechos deliberadamente y con toda malicia, y por todos aquellos que, en vez de afligirse por el mal, se alegran y exultan por el mismo pecado. Esto los lleva a la ceguera y a sofocar cualquier luz y gracia en ellos.

Vida mía, tus reparaciones y plegarias hacen eco en mi corazón; reparo y suplico en unión contigo. Dulce amor mío, veo que los soldados, habiendo perdido la poca estima que les quedaba de ti, viéndote condenado a muerte, añaden nuevas cuerdas y cadenas, y te oprimen tan fuerte, que impiden casi el movimiento a tu divina persona; y empujándote y arrastrándote, te sacan del palacio de Caifás. Turbas de populacho te esperan, pero nadie para defenderte, y Tú, Divino Sol mío, sales en medio de ellos, queriendo envolverlos a todos con tu luz. Al dar los primeros pasos, quieres encerrar todos los pasos de las criaturas en los tuyos. Entonces suplicas y reparas por quienes dan sus pasos para obrar con fines malos: Unos para vengarse, otros para matar, otros para traicionar, otros para robar, y para tantas otras cosas pecaminosas. Oh, cómo hieren tu Corazón todas estas culpas, y para impedir tanto mal, oras, reparas y te ofreces a ti mismo por entero.

Pero mientras te sigo, veo que Tú, Sol mío, Jesús, apenas comienzas a bajar del palacio de Caifás. Poco después, te encuentras con María, nuestra hermosa y dulce Mamá. Y sus recíprocas miradas se encuentran, se hieren, y aunque es un alivio el verse, de ahí nacen nuevos dolores. Tú, al ver a la dulce Mamá traspasada, pálida y enlutada; y la querida Mamá al verte a ti, Sol Divino, eclipsado, cubierto con tantos oprobios, en lágrimas y con un manto de sangre. Pero no pueden disfrutar mucho el intercambio de miradas. Con el dolor de no poder decirse ni siquiera una palabra, sus Corazones se dicen todo, y fundidos el uno en el otro, han de dejar de mirarse porque los soldados lo evitan. Así, pisoteado y arrastrado, te hacen llegar a Pilatos. Jesús mío, me uno a mi doliente Mamá para seguirte, para fundirme junto con Ella en ti, y Tú, dirigiéndome una mirada de amor, bendíceme.

Décima quinta Hora: 7 a 8 de la mañana
Jesús ante Pilatos. Pilatos lo envía a Herodes

Encadenado, bien mío, tus enemigos unidos a los sacerdotes, te presentan ante Pilatos; y ellos, con aparente santidad y escrupulosidad, y teniendo que festejar la Pascua, permanecen fuera, en el atrio. Y Tú, amor mío, viendo en el fondo su malicia, reparas por todas las hipocresías de los que son piadosos; también yo reparo contigo. Pero mientras Tú te ocupas del bien de ellos, ellos por el contrario, empiezan a acusarte ante Pilatos, vomitando todo el veneno que tienen contra ti. Pero Pilatos, mostrándose insatisfecho ante las acusaciones que te hacen, y para poderte condenar con motivo, te llama aparte y a solas, te examina y te pregunta: "¿Eres Tú, el Rey de los judíos?" Y Tú, Jesús, verdadero Rey mío, le respondes: "Mi Reino no es de este mundo; de lo contrario, miles de legiones me defenderían". Y Pilatos, conmovido por la suavidad y la dignidad de tus palabras, sorprendido te dice: "¿Cómo, Tú eres Rey?" Y Tú: "Yo lo soy, como tú dices, y para esto he venido al mundo: a enseñar la Verdad". Y él, sin querer saber más, y convencido de tu inocencia, sale a la terraza y dice: "Yo no encuentro culpa alguna en este hombre".

Los judíos, enfurecidos, te acusan de tantas otras cosas, y Tú callas y no te defiendes, y reparas por las debilidades de los jueces, cuando se encuentran ante los poderosos y sus injusticias, y rezas por los inocentes, oprimidos y abandonados. Entonces Pilatos, viendo el furor de tus enemigos y para desentenderse, te envía a Herodes.

Rey mío, divino, quiero repetir tus plegarias, tus reparaciones y quiero acompañarte hasta Herodes. Veo que tus enemigos enfurecidos, quisieran devorarte y te llevan entre insultos, burlas y befas, haciéndote así llegar ante Herodes; el cual, en actitud soberbia, te hace varias preguntas, pero Tú no le respondes, ni siquiera lo miras. Y él, irritado al no verse satisfecho en sus preguntas y sintiéndose humillado por tu prolongado silencio, declara a todos, que Tú eres un loco, un demente y ordena que como tal, seas tratado. Y para deshonrarte y despreciarte, hace que seas vestido con una vestidura blanca, y te entrega a la soldadesca, para que te haga lo peor que pueda.

Inocente Jesús mío, nadie encuentra culpa en ti, sino sólo los judíos, pues por su falsa e hipócrita apariencia de religiosidad, no merecen que resplandezca en sus mentes, la luz de la verdad.

Jesús mío, Sabiduría infinita. ¡Cuánto te cuesta, ser declarado loco! Los soldados, abusando de ti, te arrojan al suelo, te pisotean, te cubren de salivazos, te escarnecen, te apalean con bastones. Y recibes tantos golpes, que te sientes morir. Son tantas y tales las penas, los oprobios y las humillaciones que te hacen, que los Ángeles lloran, y con sus alas, se cubren el rostro para no verlas.

Yo también, mi loco Jesús, quiero llamarte loco, pero loco de amor. Y es tan grande tu locura de amor, que en vez de desfallecer, rezas y reparas por las ambiciones de los gobernantes, que ambicionan reinos para ruina de los pueblos;

por las destrucciones que provocan, por toda la sangre que hacen derramar, por sus caprichos, por todos los pecados de curiosidad y por las culpas que se cometen en los juzgados y en la milicia.

Oh Jesús mío, qué conmovedor es verte en medio de tantos ultrajes, orando y reparando. Tus palabras resuenan en mi corazón, y sigo lo que Tú haces.

Déjame ahora que me ponga a tu lado, y que tome parte en tus penas y te consuele con mi amor. Y alejando de ti a tus enemigos, te tomo entre mis brazos para darte fuerzas y besarte la frente.

Dulce amor mío, veo que no te dan reposo y que Herodes te envía nuevamente a Pilatos. Si la venida ha sido dolorosa, más trágico será el regreso; pues, veo que los judíos están más enfurecidos que antes y están resueltos a hacerte morir a cualquier precio. Por eso, antes que salgas del Palacio de Herodes, quiero besarte para testimoniarte mi amor en medio de tantas penas. Tú fortifícame con tu beso y con tu bendición, y así te seguiré de nuevo ante Pilatos.

Décima sexta Hora: 8 a 9 de la mañana
Jesús de nuevo ante Pilatos,
es pospuesto a Barrabás y es flagelado

Atormentado Jesús mío, mi pobre corazón atormentado te sigue, entre angustias y penas. Y viéndote vestido de loco y sabiendo quién eres Tú, sabiduría infinita que das a todos el Juicio, me siento enloquecer y exclamo: ¿Cómo? ¿Jesús, loco? ¿Jesús, malhechor? Y ahora, vas a ser pospuesto a un gran malhechor, a Barrabás.

Jesús mío, santidad infinita, ya te encuentras otra vez ante Pilatos, y éste, al verte tan malamente reducido y vestido de loco, y sabiendo que tampoco Herodes te ha condenado, se indigna aún más contra los judíos, y más se convence de tu inocencia, y confirma que no quiere condenarte. Pero queriendo contentar en algo a los judíos, y como para aplacar el odio, el furor, la rabia y la sed que tienen de tu Sangre, te propone a ellos, junto con Barrabás. Pero los judíos gritan: ¡No queremos libre a Jesús, sino a Barrabás! Entonces Pilatos, no sabiendo ya qué hacer para calmarlos, te condena a la flagelación.

Despreciado Jesús mío, el corazón se me hace pedazos al ver que mientras que los judíos se ocupan de Ti para hacerte morir, Tú, concentrado en ti mismo, piensas en dar la vida por todos: la vida.

Y poniendo yo atención en mis oídos, te oigo que dices: "Padre Santo, mira a tu hijo vestido de loco. Esto te repare por la locura de tantas criaturas caídas en el pecado. Esta vestidura blanca sea en tu presencia, como la disculpa por tantas almas que se visten con la lúgubre vestidura de la culpa. ¿Ves, Padre? El odio, el furor, la rabia que tienen contra mí, que les hace perder, casi la luz de la razón. ¿Ves la sed que tienen de mi Sangre? Pues yo quiero repararte por todos los odios, las venganzas, las iras, los homicidios, e impetrar para todos, la luz de la razón. Mírame de nuevo, Padre mío. ¿Puede haber un insulto mayor? Me han pospuesto al gran malhechor. Y yo quiero repararte por las posposiciones que se hacen. Ah, todo el mundo está lleno de estas posposiciones. Hay quien nos pospone a un vil interés; hay quien, a los honores, a las vanidades, a los placeres, a los apegos, a las dignidades, a comilonas y embriagueces, y hasta al mismo pecado. Y todas las criaturas por unanimidad, e incluso hasta en la más pequeña cosa, nos posponen. Y Yo estoy dispuesto a aceptar, ser pospuesto a Barrabás, para reparar por las posposiciones que nos hacen las criaturas".

Jesús mío, me siento morir de dolor y de confusión, al ver tu grande amor en medio de tantas penas, al ver el heroísmo de tus actitudes, en medio de tantas penas e insultos. Tus palabras, tus reparaciones, repercuten en mi corazón y forman otras tantas heridas. Y en mi amargura, repito tus plegarias y tus reparaciones, y ni siquiera un instante puedo separarme de ti, de lo contrario, se me escaparían muchas cosas de todo lo que haces Tú.

Ahora, ¿qué veo? Los soldados te llevan a una columna para flagelarte. Amor mío, yo te sigo, y Tú, con tu mirada de amor, mírame y dame la fuerza para asistir a tu dolorosa flagelación.

Purísimo Jesús mío, ya estás junto a la columna. Los soldados, con ferocidad te sueltan para atarte a la columna, pero no les es suficiente. Te despojan de tus vestiduras, para hacer cruel carnicería de tu santísimo Cuerpo. Amor mío y vida mía, me siento desfallecer de dolor viéndote casi desnudo. Te estremeces de pies a cabeza y tu santísimo rostro se tiñe de virginal pudor. Es tan grande tu confusión y tu agotamiento, que no sosteniéndote en pie, estás a punto de desplomarte a los pies de la columna. Pero los soldados, sosteniéndote, no por ayudarte, sino para poderte atar, no dejan que caigas. Ya toman las sogas y te atan los brazos, pero con tanta fuerza, que en seguida se hinchan, y de los dedos te brota sangre. Después, en torno a la columna, pasan sogas que sujetan tu santísima Persona hasta los pies, tan apretadamente, que no puedes ni siquiera hacer un movimiento, y así poder ellos, desenfrenarse sobre ti libremente.

Despojado Jesús mío, permíteme que me desahogue, pues de lo contrario no podré continuar viéndote sufrir tanto. ¿Cómo? Tú, que vistes a todas las cosas creadas, al sol de la luz, al cielo de estrellas, a las plantas de hojas y de flores y a los pajarillos de plumas. Tú, ¿desnudo? ¡Qué osadía, qué atrevimiento!

Pero mi amadísimo Jesús, con la luz que irradia de sus ojos, me dice: "Calla, oh hija. Era necesario que yo fuese desnudado para reparar por tantos que se despojan de todo pudor, de candor y de inocencia; que se desnudan de todo bien y virtud y de mi gracia, y se visten de toda brutalidad, viviendo a la manera de las bestias. En mi virginal confusión, quise reparar por tantas deshonestidades, lascivias, y placeres bestiales. Pero sigue atenta a todo lo que hago, ora, y repara conmigo, y cálmate".

Despojado Jesús, tu amor pasa de exceso en exceso. Veo que los verdugos toman los flagelos y te azotan sin piedad; tanto, que todo tu santísimo Cuerpo queda lívido. Y con tanta ferocidad y furor te golpean, que están ya cansados, pero otros dos verdugos los sustituyen. Toman otros flagelos y te azotan tanto, que en seguida comienza a chorrear sangre de tu santísimo Cuerpo a torrentes; y lo continúan golpeando todo, abriendo surcos, haciéndolo todo, una llaga. Pero aún no les basta, otros dos continúan, y con nuevos flagelos más agudos y pesados, prosiguen la dolorosa carnicería. A los primeros golpes, esas carnes llagadas se desgarran, y a pedazos caen por tierra. Los huesos quedan al descubierto, y la sangre chorrea y cae al suelo, formando un verdadero lago, en torno a la columna.

Jesús flagelado, amor mío, mientras te encuentras bajo esta tempestad de golpes, me abrazo a tus pies, para poder tomar parte en tus penas, y quedar toda cubierta con tu preciosísima Sangre. Cada golpe que recibes es una nueva herida para mi corazón, y mucho más, pues poniendo atención en mis oídos, percibo tus ahogados gemidos, los cuales no se escuchan bien, porque la tempestad de golpes ensordece el ambiente.

En esos gemidos oigo que dices: "Ustedes, todos los que me aman, vengan a aprender del heroísmo, del verdadero amor; vengan a saciar en mi Sangre, la sed de sus pasiones, la sed de tantas ambiciones, de tantos deseos de placeres, de tanta sensualidad. En esta Sangre mía, hallarán el remedio para todos sus males".

Y con tus gemidos continúas: "Mírame, oh Padre, hecho todo una llaga bajo esta tempestad de golpes, pero no me basta, pues quiero formar en mi Cuerpo tantas llagas, que en el cielo, de mi Humanidad, sean suficientes moradas para todas las almas; de modo que conforme en mí mismo, su salvación para hacerlos pasar luego al cielo de la divinidad. Padre mío, cada golpe de flagelo repare ante ti, una por una, cada especie de pecado, y al golpearme a mí, sean excusa para quienes los cometen. Que estos golpes, golpeen los corazones de las criaturas y les hablen de mi amor por ellas, tanto que las fuercen a rendirse a mí".

Y mientras así dices, es tan grande tu amor, que incitas casi a los verdugos a que te azoten aún más.

Descarnado Jesús mío, tu amor me aplasta y me siento enloquecer. Y aunque tu amor no está cansado, los verdugos no tienen ya más fuerzas, y no pueden proseguir tan dolorosa carnicería. Te sueltan las cuerdas y Tú, casi muerto, caes en tu propia sangre. Al ver los pedazos de tus carnes, te sientes morir de dolor, pues ves en esas carnes arrancadas de ti, a las almas perdidas, y es tan inmenso tu dolor, que agonizas en tu propia sangre.

Jesús mío, déjame que te tome entre mis brazos, para restaurarte un poco con mi amor. Te beso, y con mi beso encierro a todas las almas en ti, así ninguna se perderá. Y mientras tanto, Tú me bendices.

Décima séptima Hora: 9 a 10 de la mañana
Jesús es coronado de espinas
Ecce Hommo, Jesús es condenado a muerte

Jesús mío, amor infinito, más te miro y más comprendo cuánto sufres. Ya estás todo lacerado y no hay parte sana en ti. Los verdugos, se hacen aún más feroces, al ver que Tú, en medio de tantas penas, los miras con tanto amor, y que tus miradas amorosas forman un dulce encanto, como si fueran tantas voces que ruegan y que suplican más penas y nuevas penas. Aunque ellos son inhumanos, pero también forzados por tu amor, te ponen de pie, y Tú, no pudiéndote sostener, de nuevo caes en tu Sangre. Y ellos, irritados, con puntapiés y a empujones, te hacen llegar al lugar en que te coronarán de espinas.

Amor mío, si Tú no me sostienes con tu mirada de amor, yo no puedo continuar viéndote sufrir. Siento ya un escalofrío hasta en mis huesos, el corazón me late fuertemente, me siento morir. ¡Jesús, Jesús, ayúdame!

Y mi amable Jesús me dice: "Animo, hija mía, no pierdas nada de lo que sufro. Sé atenta a mis enseñanzas. Yo quiero rehacer al hombre en todo. El pecado le ha quitado la corona y lo ha coronado de oprobio y de confusión, de modo que no puede comparecer ante mi Majestad. El pecado lo ha deshonrado, haciéndole perder todo derecho a los honores y a la gloria. Por eso quiero ser coronado de espinas, para poner la corona sobre la frente del hombre, y para devolverle todos los derechos, a todo honor y gloria. Mis espinas serán ante mi Padre, reparaciones y voces de disculpa, por tantos pecados de pensamiento, en especial de soberbia; y voces de luz para cada mente creada, suplicando que no me ofenda. Por eso, tú únete conmigo, y ora y repara conmigo".

Coronado Jesús mío, tus crueles enemigos te hacen sentar. Te ponen encima un trapo viejo de púrpura, toman la corona de espinas y con furor infernal, te la ponen sobre tu adorable cabeza. A golpes y con palos, te hacen penetrar las espinas en la cabeza, en la frente, y algunas de ellas, se te clavan hasta en los ojos, en las orejas, en el cráneo y hasta en la nuca.

Amor mío, ¡qué penas tan desgarradoras! ¡qué penas inenarrables! ¡cuántas muertes crueles, sufres! La sangre te corre sobre la cara, de manera que no se ve más que sangre, pero bajo esas espinas y esa sangre, se descubre tu rostro santísimo, radiante de dulzura, de paz y de amor. Y los verdugos, queriendo completar el tormento, te vendan los ojos, te ponen como cetro, una caña en la mano, y empiezan sus burlas. Te saludan como al Rey de los Judíos, te golpean la corona, te dan bofetadas, y entre gritos te dicen: "¡Adivina quién te ha golpeado!".

Tú callas y respondes con reparar las ambiciones de quienes aspiran a gobernar, de quienes aspiran a las dignidades, a los honores, y por aquellos que, encontrándose en tales puestos y no comportándose bien, forman la ruina de los pueblos y de las almas confiadas a ellos, cuyos malos ejemplos son causa de empujar al mal, y de que se pierdan almas. Con esa caña que tienes en las manos, reparas por tantas obras buenas, pero vacías de espíritu interior, e incluso hechas con malas intenciones. En los insultos y con esa venda, reparas por aquellos que ridiculizan las cosas más santas, desacreditándolas y profanándolas, y reparas por aquellos que se vendan la vista de la inteligencia, para no ver la luz de la verdad. Con esta venda, impetras para nosotros, el que nos quitemos las vendas de las pasiones, del apego a las riquezas y a los placeres.

Jesús, Rey mío, tus enemigos continúan sus insultos. La sangre que chorrea de tu santísima cabeza es tanta, que llegando hasta tu boca, te impide hacerme oír claramente tu dulcísima voz, y por tanto me veo impedida a hacer lo que haces Tú.

Por eso vengo a tus brazos, quiero sostener tu cabeza traspasada y dolorida; quiero poner mi cabeza bajo esas mismas espinas, para sentir sus punzadas. Pero mientras digo esto, mi Jesús me llama con su mirada de amor y yo corro; me abrazo a su Corazón, y trato de sostener su cabeza. Oh, qué alegría es estar con Jesús, aún en medio de mil tormentos. Y entonces, Él me dice: "Hija mía, estas espinas dicen, que quiero ser constituido Rey de cada corazón. A mí me corresponde todo dominio. Tú toma estas espinas y punza tu corazón, y haz que salga de él, todo lo que a mí no pertenece. Deja una espina clavada en tu corazón, en señal de que soy tu Rey y para impedir que ninguna otra cosa entre en ti. Después, corre por todos los corazones y punzándolos, haz que salgan de ellos, todos los humos de soberbia y la podredumbre que contienen y constitúyeme Rey en todos".

Amor mío, el corazón se me oprime al dejarte. Por eso te ruego que cierres mis oídos con tus espinas, para que sólo pueda oír tu voz; que me cubras con tus espinas mis ojos, para poder mirarte sólo a ti; que me llenes con tus espinas la boca, para que mi lengua permanezca muda a todo lo que pudiera ofenderte, y está libre para alabarte y bendecirte en todo. Oh Rey mío, Jesús, rodéame de espinas y estas espinas me custodien, me defiendan y me tengan inabismada por entero, en ti.

Y ahora quiero limpiarte la sangre y besarte, pues veo que tus enemigos te llevan de nuevo ante Pilatos, y él te condenará a muerte. Amor mío, ayúdame a continuar tu doloroso camino y bendíceme.

Coronado Jesús mío, mi pobre corazón, herido por tu amor y traspasado por tus penas, no puede vivir sin ti, y por eso te busco. Y te encuentro nuevamente ante Pilatos. Pero, ¡qué tremendo espectáculo! Los cielos se horrorizan, y hasta el infierno tiembla de espanto y de rabia. Vida de mi corazón, mi vista no puede aguantar mirarte sin sentirme morir, pero la fuerza de tu amor me obliga a mirarte, para hacerme comprender bien tus penas. Yo te contemplo, entre lágrimas y suspiros. Jesús mío, ¡estás casi desnudo!, y en vez de con ropas, te veo vestido con sangre, las carnes abiertas y destrozadas, los huesos al descubierto, tu santísimo rostro, irreconocible. Las espinas clavadas en tu adorable cabeza, te llegan a los ojos y al rostro. Y yo no veo más que sangre, que, corriendo hasta el suelo, forma un charco bajo tus pies. ¡Jesús mío, ya no te reconozco! ¡Cómo has quedado! Tu estado ha llegado a los excesos más profundos de las humillaciones y de los dolores. Ah no puedo soportar tu visión tan dolorosa. Me siento morir, y quisiera arrebatarte de la presencia de Pilatos, para encerrarte en mi corazón y darte descanso. Quisiera sanar tus llagas con mi amor, y con tu Sangre quisiera inundar todo el mundo, para encerrar en ella, a todas las almas y llevarlas a Ti como conquista de tus penas.

Tú, oh paciente Jesús mío, a duras penas parece que me miras por entre las espinas y me dices: "Hija mía, ven entre mis atados brazos, apoya tu cabeza sobre mi Corazón, y sentirás dolores más intensos y acerbos. Porque todo lo que ves por fuera de mi Humanidad, no es sino lo que rebosa de mis penas interiores. Pon atención a los latidos de mi Corazón, y sentirás que reparo las injusticias de los que mandan, la opresión de los pobres, los inocentes pospuestos a los culpables, la soberbia de quienes, con tal de conservar dignidades, cargos o riquezas, no dudan en transgredir toda ley y en hacer mal al prójimo, cerrando los ojos a la luz de la verdad. Con estas espinas, quiero hacer pedazos el espíritu de soberbia de sus señorías; con las heridas que forman en mi cabeza, quiero abrirme camino en sus mentes, para ordenar todas las cosas, según la luz de la verdad. Con estar así, humillado ante este injusto juez, quiero hacer comprender a todos, que solamente la virtud, es la que constituye al hombre como rey de sí mismo. Y enseño a los que mandan, que solamente la virtud, unida al recto saber, es la única que es digna y capaz de gobernar y regir a los demás; mientras que todas las demás dignidades, sin la virtud son cosas peligrosas y que más bien, hay que lamentar. Hija mía, haz eco a mis reparaciones, y sigue poniendo atención a mis penas".

Amor mío, veo que Pilatos, viéndote tan malamente reducido, se siente estremecer, y todo conmovido exclama: "Pero es posible, tanta crueldad en los corazones humanos. Ah no era esta mi voluntad, al condenarlo a los azotes".

Y queriendo liberarte de las manos de tus enemigos, para poder encontrar razones más convenientes, todo hastiado y apartando la mirada, porque no puede sostener tu visión excesivamente dolorosa; vuelve a interrogarte: "Pero dime,

¿Qué has hecho? Tu gente te ha entregado en mis manos. Dime, ¿Tú eres Rey? ¿Cuál es tu Reino?".

A estas preguntas de Pilatos, Tú, oh Jesús mío, no respondes, y abstraído, piensas en salvar mi pobre alma a costa de tantas penas. Y Pilatos, no viéndose respondido, añade: "¿No sabes que en mi poder está, el liberarte o el condenarte?".

Pero Tú, oh amor mío, queriendo hacer resplandecer en la mente de Pilatos, la luz de la verdad, le respondes: "No tendrías ningún poder sobre mí, si no te viniera de lo alto. Pero aquellos que me han entregado en tus manos, han cometido un pecado más grande aun que el tuyo".

Entonces Pilatos, como movido por la dulzura de tu voz, indeciso como está y con el corazón en turbulencia; creyendo, que los corazones de los judíos fuesen más piadosos, se decide a mostrarte desde la terraza, esperando que se muevan a compasión al verte tan destrozado, y poderte así, liberar.

Dolorido Jesús mío, mi corazón desfallece viéndote seguir a Pilatos. Fatigosamente caminas encorvado, y bajo esa horrible corona de espinas. La sangre marca tus pasos, y saliendo fuera, oyes el gentío tumultuoso, que aguarda con ansiedad tu condena.

Pilatos, imponiendo silencio para captar la atención de todos, y hacerse escuchar por todos; con visible repugnancia, toma los dos extremos de la púrpura que te cubre el pecho y los hombros, los levanta para hacer que todos vean a qué estado has quedado reducido; y dice en voz alta: "¡*Ecce Homo*! ¡He aquí, al Hombre! ¡Mírenlo, no tiene ya aspecto de hombre! ¡Observen sus llagas, ya no se le reconoce! Si ha hecho mal, ya ha sufrido bastante, demasiado. Y yo estoy arrepentido de haberle hecho tanto sufrir, dejémoslo libre".

Jesús, amor mío, déjame que te sostenga, pues veo que vacilas bajo el peso de tantas penas. Ah, en este momento solemne, se va a decidir tu suerte. A las palabras de Pilatos, se hace un profundo silencio en el cielo, en la tierra y en el infierno. Y en seguida, como una sola voz, oigo el grito de todos: "¡Crucifícalo, crucifícalo! ¡A toda costa, lo queremos muerto!".

Vida mía, Jesús, veo que te estremeces. El grito de muerte desciende a tu Corazón, y en esas voces oyes la voz de tu amado Padre, que te dice: "Hijo mío, te quiero muerto, y muerto crucificado".

Y ah, oyes también a tu querida Mamá, que, aunque traspasada y desolada, hace eco a tu amado Padre: "Hijo, te quiero muerto".

Los Ángeles y los Santos, así como el infierno, gritan todos con voz unánime: "Crucifícalo, crucifícalo". De manera que no hay nadie, que te quiera vivo. Y, ¡ay!, con mi mayor confusión, dolor y asombro, también yo me veo forzada por una fuerza suprema, a gritar: "¡Crucifícalo!".

Jesús mío, perdóname si también yo, miserable alma pecadora, te quiero muerto. Sin embargo, ah Jesús, te ruego que me hagas morir contigo.

Y mientras Tú, oh destrozado Jesús mío, pareces decirme, movido por mi dolor: "Hija mía, estréchate a mi Corazón y toma parte en mis penas y en mis reparaciones. El momento es solemne: Se debe decidir entre mi muerte, o la muerte de todas las criaturas. En este momento dos corrientes chocan en mi Corazón. En una están todas las almas; que si me quieren muerto, es porque quieren hallar en mí, la vida. Y así, al aceptar Yo la muerte por ellas, son absueltas de la condenación eterna y las puertas del cielo se abren para admitirlas. En la otra corriente están aquellas que me quieren muerto por odio como confirmación de su condenación. Mi Corazón está lacerado, y siente la muerte de cada una de éstas, y sus mismas penas del infierno. Mi Corazón no soporta, estos acerbos dolores. Siento la muerte en cada latido, en cada respiro, y voy repitiendo: ¿Por qué tanta sangre será derramada en vano? ¿Por qué mis penas serán inútiles para tantos? Ah hija, sostenme, que ya no puedo más. Toma parte en mis penas, y tu vida sea un continuo ofrecimiento para salvar las almas, y para mitigarme penas tan desgarradoras".

Corazón mío, Jesús, tus penas son las mías, y hago eco a tu reparación. Pero veo que Pilatos queda atónito, y se apresura a decir: "¿Cómo? ¿Debo crucificar a su Rey? ¡Yo no encuentro culpa para condenarlo!". Y los judíos, llenando el aire, gritan: "¡No tenemos otro rey que el César!, y si tú no lo condenas, no eres amigo del César ¡Quita, quita, crucifícalo, crucifícalo!".

Pilatos, no sabiendo ya que más hacer, por temor a ser destituido, hace traer un recipiente con agua y lavándose las manos, dice: "Soy inocente de la Sangre de este justo". Y te condena a muerte.

Y los judíos gritan: "¡Su sangre caiga sobre nosotros y sobre nuestros hijos!". Y viéndote condenado, estallan en una fiesta: aplauden, silban, gritan. Y mientras, Tú, oh Jesús, reparas por aquellos que, hallándose en el poder, por temor vano y por no perder su puesto, pisotean hasta las leyes más sagradas, no importándoles la ruina de pueblos enteros, favoreciendo a los impíos y condenando a los inocentes. Y reparas también por aquellos que después de la culpa, instigan a la cólera divina a castigarlos.

Pero mientras reparas por todo esto, el Corazón te sangra, por el dolor de ver al pueblo escogido por ti, fulminado por la maldición del cielo que ellos mismos con plena voluntad han querido, sellándola con tu Sangre, que han imprecado. Ah, el Corazón se te parte, déjame que lo sostenga entre mis manos, haciendo mías tus reparaciones y tus penas. Pero el amor te empuja aún más alto, y ya con impaciencia, buscas la Cruz.

Décima octava Hora: 10 a 11 de la mañana
Jesús abraza la Cruz

Jesús mío, amor insaciable, veo que no te das tregua. Siento tus delirios de amor y tus dolores. El Corazón te late con fuerza, y en cada latido siento explosiones, torturas, violencias de amor. Y Tú, no pudiendo contener el fuego que te devora, te afanas, gimes, suspiras y oigo que en cada gemido dices: "¡Cruz"; y cada gota de tu sangre, repite: "Cruz"; y todas tus penas, en las cuales nadas como en un mar interminable, repiten entre ellas: "¡Cruz!". Y Tú exclamas: "Oh Cruz amada y suspirada, tú sola salvarás a mis hijos, y en ti concentro Yo, todo mi amor!".

Entre tanto, tus enemigos te hacen nuevamente entrar en el pretorio y te quitan la púrpura y quieren ponerte de nuevo tus vestidos. Pero, ¡ay!, cuánto dolor. Más dulce me sería morir, que verte sufrir tanto. La vestidura se atora en la corona y no pueden sacártela por arriba, así que, con crueldad jamás vista, te arrancan todo junto: la púrpura y la corona. A tan cruel tirón, se rompen muchas espinas y quedan clavadas en tu cabeza. La sangre te llueve a chorros, y es tan intenso el dolor, que gimes.

Pero tus enemigos, no teniendo en cuenta tus torturas, te ponen tus vestiduras y de nuevo, vuelven a ponerte la corona y, oprimiéndola fuertemente a tu cabeza, hacen que las espinas te hieran en los ojos, en las orejas. De manera que no hay parte en tu santísima cabeza, en que no sientas las punzadas de ellas. Y tan intenso es el dolor bajo esas manos crueles, que vacilas, te estremeces de los pies a la cabeza, y entre atroces espasmos, estás a punto de morir. Pero con tus ojos apagados y llenos de sangre, penosamente me miras, para pedirme ayuda en medio de tanto dolor.

Jesús mío, Rey de los dolores, déjame que te sostenga y te estreche a mi corazón. Quisiera tomar el fuego que te devora, para hacer cenizas a tus enemigos y ponerte a salvo; pero Tú no quieres, porque las ansias de la Cruz se hacen aún más ardientes, y quieres inmolarte ya sobre ella, aun para bien de tus mismos enemigos.

Mientras te estrecho a mi corazón, Tú estrechándome al tuyo, me dices: "Hija mía, hazme desahogar en amor, y repara conmigo por aquellos que haciendo el bien, me deshonran. Estos judíos me visten con mis ropas para desacreditarme aun más ante el pueblo, tratándolo de convencer de que yo soy un malhechor. En apariencia, el acto de vestirme era bueno, pero en sí mismo era malvado. Ah, cuántos hacen obras buenas, administran Sacramentos o los frecuentan, pero lo hacen con fines humanos e incluso perversos; y cómo el bien, mal hecho, conduce a la dureza. Yo quiero por segunda vez ser coronado, y con dolores más atroces que en la primera, para romper esta dureza y así atraer con mis espinas, a las criaturas a mí.

Ah hija mía, esta segunda coronación es para mí, aún más dolorosa. La cabeza me la siento nadando entre espinas, y en cada movimiento que hago y en cada golpe que me dan, sufro otras tantas muertes crueles. Así reparo por la malicia de las ofensas, reparo por aquellos que en cualquier estado de ánimo que estén, en lugar de ocuparse de la propia santificación, se disipan y rechazan mi gracia y vuelven a procurarme espinas aún más punzantes. Y yo me veo obligado a gemir, a llorar con lágrimas de sangre y a suspirar por su salvación. Ah, yo hago de todo por amar a las criaturas, y ellas hacen de todo por ofenderme. Al menos, tú no me dejes solo en mis penas y en mis reparaciones".

Destrozado bien mío, contigo reparo, contigo sufro. Más veo que tus enemigos te precipitan por la escalinata. El populacho con ansia y furor te espera; ya te hacen encontrar preparada, la Cruz, que con tantos suspiros ansías. Con amor la miras, y con paso decidido te acercas a abrazarla, pero antes la besas, y corriéndote un estremecimiento de alegría por tu santísima Humanidad, con sumo contento tuyo, vuelves a mirarla, midiendo su longitud y su anchura. En ella, estableces la porción para todas y cada una de las criaturas, y las dotas suficientemente para vincularlas a la divinidad con un vínculo nupcial, y hacerlas herederas del Reino de los Cielos.

Y luego, no pudiendo contener el amor con que las amas, vuelves a besar la Cruz y le dices: "Cruz adorada, por fin te abrazo. Tú eras el suspiro de mi Corazón, el martirio de mi amor; pero tú, oh Cruz, tardaste hasta ahora, en tanto que mis pasos siempre se dirigían hacia ti. Cruz santa, tú eras la meta de mis deseos, la finalidad de mi existencia acá abajo. En ti concentro todo mi ser; en ti pongo a todos mis hijos. Tú serás su vida y su luz, su defensa, su protección, su fuerza. Tú los sostendrás en todo y me los conducirás gloriosos al cielo. Oh Cruz, Cátedra de Sabiduría, sólo tú enseñarás la verdadera santidad, sólo tú formarás los héroes, los atletas, los mártires, los Santos.

Cruz hermosa, tú eres mi trono, y teniendo yo que abandonar la tierra, quedarás tú, en mi lugar. A ti te entrego en dote, a todas las almas: ¡Custódiamelas, sálvamelas, te las confío!".

Y diciendo esto, ansioso, te la haces poner sobre tus hombros. Ah Jesús mío, la Cruz para tu amor es demasiado ligera, pero el peso de la Cruz se une al de nuestros enormes e inmensos pecados, tan enormes e inmensos, como es la extensión de los cielos, y Tú, triturado bien mío, te sientes aplastar bajo el peso de tantos pecados. Tu alma se horroriza ante su vista, y sientes la pena propia de cada pecado.

Tu santidad queda conmocionada ante tanta fealdad, y por esto, sosteniendo la Cruz sobre tus hombros, vacilas, jadeas, y de tu Humanidad santísima, brota un sudor mortal.

¡Ay!, amor mío, no tengo ánimo de dejarte solo. Quiero dividir contigo el peso de la Cruz, y para aliviarte del peso de los pecados, me estrecho a tus pies.

En nombre de todas y de cada una de las criaturas, quiero darte amor por la que no te ama; alabanzas, por la que te deprecia; y bendiciones, gratitud y obediencia, por todas.

Declaro que por cualquier ofensa que recibas, quiero ofrecerte todo mi ser en reparación y hacer el acto opuesto a las ofensas que las criaturas te hagan, y consolarte con mis besos y con mis continuos actos de amor. Pero veo que soy demasiado miserable, por lo que tengo necesidad de ti, para poder darte reparación de verdad.

Por eso me uno a tu santísima Humanidad, y junto contigo, uno mis pensamientos a los tuyos, para reparar los pensamientos malos míos y los de todos. Uno mis ojos a los tuyos, para reparar por las malas miradas. Uno mi boca a la tuya, para reparar por las blasfemias y por las malas conversaciones. Uno mi corazón al tuyo, para reparar por las inclinaciones, por los deseos y por los actos malos. En una palabra, quiero reparar por todo lo que repara tu santísima Humanidad, uniéndome a la inmensidad de tu amor por todos, y al bien inmenso que haces a todos. Pero no me contento aún. Quiero unirme a tu divinidad, para perder mi nada en ella y así poder dar todo.

Camino al Calvario

Pacientísimo Jesús mío, veo que das los primeros pasos bajo el enorme peso de la Cruz. Uno mis pasos a los tuyos, y cuando Tú, débil, desangrado y agobiado, vayas a caer, a tu lado estaré yo para sostenerte, y pondré mis hombros bajo la Cruz, para compartir contigo el peso. No me desdeñes, sino acéptame como tu fiel compañera.

Oh Jesús, me miras y veo que reparas por aquellos que no llevan con resignación su propia cruz; sino que reniegan, se irritan, se suicidan o cometen homicidios. Y Tú, impetras para todos, resignación y amor a la propia cruz. Pero es tanto tu dolor, que te sientes aplastar bajo el peso de la Cruz. Son los primeros pasos apenas que das, y ya caes bajo ella, y al caer te golpeas en las piedras, las espinas se clavan más profundamente aun en tu cabeza y todas tus heridas se abren y sangran nuevamente. No teniendo fuerzas para levantarte, tus enemigos, irritados, a puntapiés y empellones, tratan de ponerte en pie.

Amor mío, caído, déjame que te ayude a ponerte de pie; que te bese, que te limpie la sangre y que contigo repare, por quienes pecan por ignorancia, por fragilidad y por debilidad; y te ruego que des ayuda a todas estas almas.

Vida mía, Jesús, tus enemigos, haciéndote sufrir dolores inauditos, han logrado ponerte de pie. Y mientras caminas vacilante, oigo tus respiros afanosos. Tu Corazón late con más fuerza y nuevas penas te lo traspasan acerbamente. Sacudes la cabeza para quitar de tus ojos, la sangre que los llena, y miras con ansiedad.

Ah Jesús mío, comprendo todo: es tu Mamá, que como gimiente paloma, va en tu búsqueda y quiere decirte una palabra y recibir una última mirada tuya. Y Tú sientes sus penas; sientes en tu Corazón, el suyo lacerado y enternecido y herido, por su amor en común. La descubres abriéndose paso entre la gente, pues quiere a toda costa verte, abrazarte y darte su último adiós. Pero, Tú quedas aún más traspasado, al ver su palidez mortal y todas tus penas reproducidas en Ella, por la fuerza del amor. Y si Ella continúa viviendo, es sólo por un milagro de tu Omnipotencia. Ya diriges tus pasos al encuentro de los suyos, pero difícilmente, pueden apenas cruzarse una mirada. Oh dolor del Corazón de ambos.

Los soldados han caído en la cuenta, y a empellones, impiden que la Madre y el Hijo se den un último adiós. Y es tan grande el dolor y la angustia de los dos, que tu Mamá queda petrificada por el dolor, y está a punto de desfallecer. Pero el fiel Juan y las piadosas mujeres la sostienen, mientras Tú caes nuevamente bajo la Cruz. Entonces, tu Mamá dolorosa, lo que no hace con el cuerpo porque se ve imposibilitada, lo hace con el alma: entra en ti, hace suyo el querer del Eterno y asociándose en todas tus penas, te hace el oficio de Mamá: te besa, te repara, te cura, y en todas tus llagas, derrama el bálsamo de su materno y doloroso amor.

Penante Jesús mío, yo también me uno con la traspasada Madre. Hago mías todas tus penas, y en cada gota de tu Sangre, en cada una de tus Llagas, quiero hacerte de madre. Junto con Ella y contigo, reparo por todos los encuentros peligrosos y por quienes se exponen a las ocasiones de pecado, o que forzados a exponerse por necesidad, quedan atrapados por el pecado.

Y Tú, entre tanto gimes caído bajo la Cruz. Los soldados temen que mueras bajo el peso de tantos tormentos y por haber perdido tanta sangre, es por esto por lo que a fuerza de latigazos y a puntapiés, tratan de ponerte en pie. Y así reparas por las repetidas caídas en el pecado, los pecados graves cometidos por toda clase de personas, y ruegas por los pecadores obstinados, llorando con lágrimas de sangre, por su conversión.

Quebrantado amor mío, mientras te sigo en las reparaciones, veo que no eres ya capaz de sostenerte bajo el peso enorme de la Cruz. Vacilas. Y a los continuos golpes que recibes, las espinas penetran cada vez más en tu santísima cabeza; y la Cruz, por su gran peso, se hunde en tu hombro, formando en él, una llaga tan profunda, que te descubre los huesos.

A cada paso, me parece que te mueres, y por todo esto, te ves imposibilitado para seguir adelante. Pero tu amor, que lo puede y lo vence todo, te da nuevas fuerzas. Y al sentir que la Cruz se hunde en tu hombro, reparas por los pecados ocultos, que no siendo reparados, acrecientan la crudeza de tus dolores.

Jesús mío, déjame que ponga mi hombro bajo la Cruz para aliviarte, y que repare contigo, por todos los pecados ocultos.

Entonces tus enemigos, por temor de que mueras bajo la Cruz, obligan al Cireneo a ayudarte a llevar la Cruz, y él te ayuda, pero de mala gana y vociferando; no por amor, sino por fuerza. Y ante esto, en tu Corazón resuenan como un inmenso eco, todos los lamentos de quienes sufren, las faltas de resignación, las rebeliones, los enojos y los desprecios en el sufrir. Pero quedas aún más dolorido, al ver que las almas consagradas a ti, a quienes llamas por compañeras y ayudas en su dolor, te huyen; y si Tú, con el dolor las estrechas a ti, ah, se liberan de tus brazos para ir en busca de placeres, y te dejan a ti solo, en el sufrir.

Jesús mío, mientras reparo contigo, te ruego que me estreches entre tus brazos, tan fuerte, que no haya ninguna pena que Tú sufras, en la que yo no tome parte para transformarme en ellas, y para compensarte por el abandono de todas las criaturas.

Quebrantado Jesús mío, a duras penas y todo encorvado, caminas, pero veo que te detienes y tratas de mirar. Corazón mío, ¿qué pasa, qué quieres? Ah, es la Verónica, que sin temor a nada, valientemente, te enjuga con un paño, el rostro cubierto todo de sangre. Y Tú se lo dejas estampado, en señal de gratitud.

Generoso Jesús mío, también yo quiero enjugarte, pero no con un paño, sino que quiero presentar todo mi ser para aliviarte, quiero entrar en tu interior y darte, oh Jesús mío, latidos por latidos, respiros por respiros, afectos por afectos, deseos por deseos.

Quiero arrojarme en tu santísima inteligencia, y haciendo correr todos esos latidos, respiros, afectos y deseos en la inmensidad de tu Voluntad, quiero multiplicarlos infinitamente.

Quiero, oh Jesús mío, formar olas de latidos, para hacer que ningún otro latido malo, repercuta en tu Corazón, y así poderte aliviar, todas tus amarguras íntimas.

Quiero formar olas de afectos y de deseos, para alejar todos los afectos y deseos malos que pudieran entristecer en lo más mínimo a tu Corazón. Y deseo así mismo, formar oleadas de respiros y de pensamientos, que pongan en fuga cualquier respiro y pensamiento, que pudiesen desagradarte en lo más mínimo. Estaré bien atenta, oh Jesús, para que nada más te aflija y añada otras amarguras a tus penas internas.

Oh Jesús mío, has que todo mi interior, nade en la inmensidad del tuyo. Así podré encontrar amor suficiente y voluntad capaz de hacer que no entre en tu interior, un amor malo ni una voluntad, que pudieran desagradarte.

Entre tanto, tus enemigos, viendo mal este acto de la Verónica, te empujan, te azotan y te hacen proseguir el camino. Otros pocos pasos y de nuevo te detienes, pero tu amor, bajo el peso de tantas penas, no se detiene; y viendo a las piadosas mujeres que lloran por tus penas, te olvidas de ti mismo y las consuelas, diciéndoles: "Hijas, no lloren mis penas, sino por sus pecados y los de sus hijos".

¡Qué enseñanza sublime! ¡Qué dulce es tu palabra! Oh Jesús, contigo reparo por las faltas de caridad, y te pido la gracia de olvidarme de mí misma, para que no me acuerde sino, sólo de ti.

Pero tus enemigos, al oírte hablar se llenan de furor; tiran de ti con las cuerdas, y te empujan con tanta rabia que te hacen caer, y cayendo, te golpeas en las piedras. El peso de la Cruz te oprime, te tortura y te sientes morir. Déjame que te sostenga y que con mis manos alivie tu santísimo rostro. Veo, que tocas la tierra, y te ahogas en tu misma sangre. Pero tus enemigos te quieren poner de pie; tiran de ti con las cuerdas, te levantan por los cabellos, te dan empellones y puntapiés, pero todo es en vano.

¡Te mueres, Jesús mío! ¡Qué pena! El corazón se me rompe por el dolor. Y casi arrastrándote, te llevan al monte Calvario; y mientras te arrastran, siento que reparas por todas las ofensas de las almas consagradas a ti, que te dan tanto peso, que Tú, por más que te esfuerzas por levantarte, te resulta imposible. Y así, arrastrado y pisoteado, llegas al Calvario, dejando por donde pasas, rojas huellas de tu Sangre preciosa.

Jesús es despojado de sus vestiduras

Y aquí, en el Calvario, te esperan nuevos dolores. Te desnudan de nuevo, y te arrancan vestidura y corona de espinas. Ah, gimes al sentir, que de tu cabeza te arrancan las espinas; y arrancándote tus ropas, te arrancan también tus pocas carnes laceradas que aún te quedan y que están adheridas a ellas. Las llagas se abren de nuevo, la sangre corre a ríos hasta el suelo, y es tan grande el dolor, que caes casi muerto. Y nadie se mueve a compasión por ti, bien mío; al contrario, con bestial furor, te ponen de nuevo la corona de espinas, te la clavan a golpes; son tan insoportables los dolores por las laceraciones, y al arrancarte los cabellos amasados en la sangre ya coagulada, que sólo los Ángeles podrían decir lo que sufres, mientras horrorizados, retiran sus angélicas miradas y lloran.

Desnudado Jesús mío, déjame que te estreche a mi corazón para calentarte, porque veo que tiemblas y que un gélido sudor de muerte, invade tu santísima Humanidad. Cuánto quisiera darte mi vida y mi sangre, para substituir a la tuya, la que has perdido para darme vida.

Y Jesús, mientras, mirándome con sus lánguidos y agonizantes ojos, parece decirme: "Hija mía, ¡cuánto me cuestan las almas! Aquí es el lugar donde las espero a todas para salvarlas; donde quiero reparar los pecados de aquellos que llegan a degradarse por debajo de las bestias y que se obstinan tanto en ofenderme, que llegan a no saber vivir sin cometer pecados. Su razón queda ciega y pecan frenéticamente; por eso me coronan de espinas por tercera vez. Siendo desnudado, reparo por quienes llevan vestidos de lujo e indecentes, por los pecados contra la modestia y el pudor, y están atados a las riquezas, a los honores y a los placeres, que de todo eso hacen un dios para sus corazones. Ah Sí, cada una de estas ofensas es una muerte que siento, y si no muero, es sólo porque el querer de mi Padre Eterno, no ha decretado aún el momento de mi muerte".

Desnudado bien mío, mientras reparo contigo, te suplico me despojes de todo con tus santísimas manos, y no permitas que ningún afecto malo, entre en mi corazón; vigílamelo, rodéamelo con tus penas, y llénamelo con tu amor.

Haz que mi vida no sea, sino la repetición de tu vida, y confirma mi despojamiento con tu bendición. Bendíceme de corazón y dame la fuerza de asistir a tu dolorosa Crucifixión, para quedar crucificada yo también, contigo.

DÉCIMA NOVENA HORA: 11 A 12 DE LA MAÑANA
La Crucifixión de Jesús

Jesús, Madre mía, vengan a escribir conmigo, préstenme sus santísimas manos para que pueda escribir lo que a ustedes les plazca, y sólo lo que ustedes quieran.

Jesús, amor mío, ya estás despojado de tus vestiduras. Tu Cuerpo santísimo está tan lacerado, que pareces un cordero desollado. Veo, que de la cabeza a los pies tiemblas, y no sosteniéndote de pie, mientras tus enemigos te preparan la Cruz, caes por tierra en este monte. Bien mío y todo mío, el corazón se me oprime por el dolor, al ver cómo la sangre te diluvia de todas partes de tu santísimo Cuerpo; todo cubierto de llagas, de la cabeza a los pies.

Tus enemigos, cansados, pero no satisfechos, al desnudarte, han arrancado de tu santísima cabeza, con indecible dolor tuyo, la corona de espinas. Después, te la han clavado de nuevo entre dolores inauditos, traspasando con nuevas heridas, tu sacratísima cabeza. Ah, Tú reparas, la perfidia y la obstinación del pecador, especialmente en el pecado de la soberbia.

Jesús, veo que si el amor no te empujase aún más arriba, ya hubieras muerto por la intensidad del dolor que sufres en esta tercera coronación de espinas. Veo que no puedes soportar el dolor, y con esos ojos velados por la sangre, miras para ver si hay uno que se te acerque a sostenerte en tanto dolor y confusión.

Dulce bien mío, aquí no estás solo, como en la noche de la Pasión. Aquí está la dolorosa Mamá, que lacerada en su Corazón, sufre tantas muertes por cuantas penas sufres Tú. Oh Jesús, también está la amante Magdalena, que parece enloquecida por causa de tus penas; el fiel Juan, que parece enmudecido por la intensidad del dolor de tu Pasión. Éste es el monte de los amantes, y no podías estar solo.

Pero dime, amor mío, ¿quién quisieras que te sostuviera, en tanto dolor? Ah, permíteme que sea yo quien te sostenga. Yo soy quien tiene más necesidad de todos.

La Mamá querida, con los demás, me ceden el puesto, y yo, oh Jesús, me acerco a ti; te abrazo y te ruego, que apoyes tu cabeza sobre mi hombro, y que me hagas sentir en mi cabeza, tus espinas. Quiero poner mi cabeza junto a la tuya, no sólo para sentir tus espinas, sino también para lavar con tu Sangre preciosísima, que de la cabeza te chorrea, todos mis pensamientos, para que todos puedan estar en tacto de repararte, por cualquier ofensa de pensamiento que cometan las criaturas.

Oh amor mío, estréchate a mí, pues quiero besar una por una, las gotas de tu Sangre que chorrean sobre tu rostro santísimo, y mientras las adoro una por una, te ruego que cada gota de tu Sangre, sea luz para cada mente creada, para hacer que ninguna te ofenda con pensamientos malos.

Y mientras te tengo estrechado y apoyado en mí, te miro; oh Jesús, y veo, que miras la Cruz que tus enemigos te preparan. Oyes los golpes que dan a la Cruz, para hacerle los agujeros en los que te clavarán. Oh Jesús, siento que el Corazón te palpita con violencia, anhelando ese lecho para ti, el más deseado.

Si bien con dolor indescriptible, con que sellarás en ti la salvación de nuestras almas, te oigo decir: "Amor mío, Cruz amada, lecho mío precioso: tú has sido mi martirio en vida y ahora eres mi descanso. Oh Cruz, recíbeme pronto en tus brazos, estoy impaciente en la espera. Cruz santa, en ti daré cumplimiento a todo. Pronto, oh Cruz, cumple mis ardientes deseos que me consumen, para dar vida a las almas, y estas vidas serán selladas por ti, oh Cruz. No tardes, que con ansia espero extenderme sobre ti, para abrir el cielo a todos mis hijos y cerrarles el infierno. Oh Cruz, es verdad que tú eres mi batalla, pero eres también mi victoria y mi triunfo completo. En ti concederé abundantes herencias, victorias, triunfos y coronas a mis hijos".

Pero, ¿quién podrá decir, todo lo que mi dulce Jesús, dice a la Cruz? Mientras Jesús se desahoga con la Cruz, sus enemigos le mandan que se extienda sobre ella, y Él, inmediatamente obedece a lo que quieren; esto para reparar por nuestras desobediencias.

Amor mío, antes que te extiendas sobre la Cruz, déjame que te estreche más fuerte a mi corazón y que te dé, y Tú me des, un beso. Oye, Jesús, no quiero dejarte; quiero permanecer contigo y extenderme también yo, sobre la Cruz, y quedar clavada junto contigo. El verdadero amor, no soporta ninguna clase de separación. Tú perdonarás la audacia de mi amor y me concederás quedarme crucificada contigo. Mira, tierno amor mío, no soy yo sola quien te lo pide, sino también te lo pide la doliente Mamá, la amante Magdalena, el predilecto Juan; todos te dicen, que les sería más soportable quedar crucificados contigo, que sólo asistir y verte a ti solo, crucificado.

Por eso, en unión contigo, me ofrezco al Eterno Padre; identificada con tu Voluntad, con tu amor, con tus reparaciones, con tu mismo Corazón y con todas tus penas.

Ah, parece que mi dolorido Jesús, me dice: "Hija mía, has previsto mi amor, esta es mi Voluntad: que todos los que me aman, queden crucificados conmigo. Ah sí, ven tú también a extenderte conmigo sobre la Cruz; te haré vida de mi vida y te tendré como la predilecta de mi Corazón".

Dulce bien mío, he aquí, que te extiendes sobre la Cruz y miras a los verdugos, que tienen en las manos, clavos y martillo para clavarte. Los miras con tal amor y dulzura, que les haces dulce invitación para que pronto te crucifiquen. Y ellos, aunque sienten repugnancia, con ferocidad inhumana, te sujetan la mano derecha, presentan el clavo, y a golpes de martillo lo hacen salir por el otro lado de la Cruz. Pero es tanto y tan tremendo el dolor que sufres, oh Jesús mío, que te estremeces. La luz de tus ojos se eclipsa, tu rostro santísimo palidece y se hace lívido.

Diestra bendita, te beso, te compadezco, te adoro y te agradezco, por mí y por todos. Y por cuantos fueron los golpes que recibiste; tantas otras almas, te pido en este momento, que libres de la condena del infierno. Por cuantas gotas de sangre derramaste; tantas almas te ruego, que laves en esta Sangre preciosísima. Y por el dolor atroz que sufriste, especialmente cuando te clavaron en la Cruz, te ruego que a todos abras el cielo y que bendigas a todos; y ésta, tu bendición, llame a la conversión a los pecadores, y a la luz de la fe a los herejes e infieles.

Oh Jesús, dulce vida mía, habiéndote crucificado ya la mano derecha, los verdugos, con inaudita crueldad, te toman la izquierda y te tiran de ella tanto, para hacer que llegue al agujero ya preparado en la Cruz, que te sientes dislocar las articulaciones de los brazos y de los hombros; y por la violencia del dolor, las piernas se contraen convulsamente.

Mano izquierda de mi Jesús, te beso, te compadezco, te adoro y te agradezco. Y te ruego por esos golpes y por los dolores que sufriste cuando te traspasaron con el clavo, que me concedas muchas almas, que en este momento hagamos volar del Purgatorio al cielo. Y por la sangre que derramaste, te ruego que extingas las llamas que atormentan a esas almas, y para todas sea refrigerio y un baño saludable, que las purifique de todas las manchas y las disponga a la visión beatífica.

Amor mío y todo mío, por el agudísimo dolor que sufriste cuando te clavaron el clavo en la mano izquierda, te ruego que cierres el infierno a todas las almas, y que detengas los rayos de la divina justicia, que por nuestras culpas está, por desgracia irritada.

Ah Jesús, haz que este clavo en tu izquierda bendita, sea la llave que cierre la divina justicia; para hacer que no lluevan los flagelos sobre la tierra, y abra los tesoros de la divina misericordia, a favor de todos. Por eso te ruego, que nos estreches entre tus brazos. Ya has quedado inmovilizado para todo y nosotros hemos quedado libres para poderte hacer todo.

Por tanto, pongo en tus brazos el mundo y a todas las generaciones, y te ruego, amor mío, con las voces de tu misma sangre, que no niegues a ninguno el perdón; y por los méritos de tu preciosísima Sangre, te pido la salvación y la gracia para todos, sin excluir a ninguno.

Amor mío Jesús, tus enemigos no están todavía satisfechos. Con ferocidad diabólica toman tus pies santísimos, siempre incansables en la búsqueda de almas, y, contraídos, como estaban por la fuerza del dolor de las manos, tiran de ellos tan fuerte, que quedan descoyuntadas las rodillas, las caderas y todos los huesos del pecho.

Mi corazón no resiste, oh bien mío. Veo, que por la vehemencia del dolor; tus hermosos ojos eclipsados y velados por la sangre, se ponen en blanco; tus labios lívidos e hinchados por los golpes, se tuercen; las mejillas se hunden; los dientes entrechocan; el pecho se sofoca; y el Corazón, por la fuerza de la tensión con que han sido estiradas las manos y los pies, queda todo desquiciado. Amor mío, con cuánto deseo me pondría en tu lugar, para evitarte tanto dolor. Quiero extenderme en todos tus miembros para darte un alivio, un beso, un consuelo y una reparación por todo.

Jesús mío, veo que colocan un pie sobre el otro, y te lo traspasan con un clavo, por añadidura, despuntado. Ah Jesús mío, permíteme, que mientras te los traspasa el clavo, te ponga en el pie derecho a todos los sacerdotes, para que sean luz para toda la gente, y en especial aquellos que no llevan una vida buena y santa. Y en el pie izquierdo, a toda la gente, para que reciban la luz de los sacerdotes, los respeten y les sean obedientes. En la misma forma que el clavo te traspasa los pies, así traspase a los sacerdotes y a la gente, para que unos y otras, no puedan separarse de ti.

Pies benditos de mi Jesús, los beso, los compadezco, los adoro y les agradezco. Y por los atrocísimos dolores, que sufriste cuando fuiste estirado, descoyuntándose todos los huesos, y por la sangre que derramaste; te suplico que pongas y encierres a todas las almas en tus llagas. No desdeñes a ninguna, oh Jesús.

Que tus clavos, crucifiquen nuestras potencias para que no se separe de ti, nuestro corazón; para que siempre y solamente quede fijo en ti; que todos nuestros sentimientos, queden clavados con tus clavos, para que no tomen ningún gusto que no provenga de ti.

Oh Jesús mío crucificado, te veo todo ensangrentado, nadas en un baño de sangre, y estas gotas de sangre no te gritan, sino: "¡Almas!". Más aún, en cada una de estas gotas de tu Sangre, veo presentes a todas las almas de todos los siglos; de manera que a todas nos contenías en ti, oh Jesús. Y por la potencia de esta Sangre; te pido, que ninguna huya, nunca más de ti.

Oh Jesús mío, terminando los verdugos de clavarte los pies, yo me acerco a tu Corazón. Veo que ya no puedes más, pero el amor grita más fuerte y exige: ¡Más penas aún!

Jesús mío, abrazo tu Corazón, te beso, te compadezco, te adoro y te agradezco, por mí y por todos. Oh Jesús, quiero apoyar mi cabeza sobre tu Corazón, para sentir lo que sufres en esta dolorosísima crucifixión. Ah, siento que cada golpe de martillo resuena en tu Corazón. Tu Corazón es el centro de todo, y por él empiezan los dolores y en él terminan. Ah, si no fuera porque esperas una lanza para ser traspasado, las llamas de tu amor y la sangre que hierve en torno a tu Corazón, se hubieran abierto camino y te lo habrían ya traspasado. Estas llamas y esta sangre, llaman a las almas amantes, a hacer su feliz morada en tu Corazón. Y yo, oh Jesús, por amor de este Corazón y por tu sacratísima Sangre, te suplico, te pido la santidad de todas tus almas amantes. Oh Jesús, no las dejes salir jamás de tu Corazón, y con tu gracia, multiplica las vocaciones de almas amantes y víctimas, que continúen tu vida sobre la tierra.

Tú quisiste dar un puesto especial en tu Corazón a las almas que te aman; haz que este puesto no lo pierdan jamás.

Oh Jesús, que las llamas de tu Corazón me abrasen y me consuman; que tu Sangre me embellezca; que tu amor me tenga siempre clavada al amor, con el dolor y con la reparación.

Oh Jesús mío, ya los verdugos han clavado tus manos y tus pies a la Cruz, y volteándola para remachar los clavos, obligan a tu rostro adorable, a tocar la tierra empapada por tu misma sangre; y Tú, con tu boca divina, la besas. Y con este beso, oh dulce amor mío, quieres besar a todas las almas y vincularlas a tu amor, sellando su salvación.

Oh Jesús, déjame que tome yo tu lugar, para que tu sacratísimo Cuerpo no toque esa tierra, aunque esté empapada por tu preciosísima Sangre. Déjame que te estreche entre mis brazos, y mientras los verdugos doblan a golpes los clavos, haz que estos golpes, me hieran también a mí y me crucifiquen por entero a tu amor.

Jesús mío, mientras las espinas se van hundiendo cada vez más en tu cabeza, quiero ofrecerte todos mis pensamientos, para que como besos afectuosos te consuelen, y mitiguen la amargura de tus espinas.

Oh Jesús, veo que tus enemigos aún no se han hartado de insultarte y de escarnecerte. Yo quiero confortar tus divinas miradas, con mis miradas de amor.

Tu lengua está pegada casi a tu paladar, por la amargura de la hiel y por la sed abrasadora. Para aplacar tu sed, quisieras todos los corazones de las criaturas rebosantes de amor; pero no teniéndolos, te abrasas cada vez más por ellas. Dulce amor mío, quiero enviarte ríos de amor para mitigar de algún modo, la amargura de la hiel y la sed ardiente.

Oh Jesús, veo que a cada movimiento que haces, las llagas de tus manos se van abriendo más, y el dolor se hace más intenso y acerbo. Querido bien mío, para confortar y endulzar este dolor, te ofrezco las obras santas de todas las criaturas. Oh Jesús mío, ¡ay! ¡Cómo está destrozado tu pobre Corazón! ¿Cómo podré confortarte en tanto dolor?

Me difundiré en ti, pondré mi corazón en el tuyo; en tus ardientes deseos pondré los míos, para que sea destruido cualquier deseo malo. Difundiré mi amor en el tuyo, a fin de que con tu fuego sean abrasados los corazones de todas las criaturas, y destruidos los amores profanos y pecaminosos. Y así, tú Corazón sacratísimo quedará reconfortado.

Yo prometo desde ahora, oh Jesús, mantenerme siempre clavada a este Corazón amorosísimo, con los clavos de tus deseos, de tu amor y de tu Voluntad. Oh Jesús mío, crucificado Tú, crucificada yo en ti. No permitas que me desclave lo más mínimo de ti; sino que quede siempre clavada, para poder amarte y repararte por todos, y mitigar el dolor que te dan las criaturas con sus pecados.

Jesús clavado en la Cruz

En esta hora, en íntima unión con Jesús, el alma, ejerciendo el oficio de víctima, quiere desarmar a la Justicia Divina.

Mi buen Jesús, veo que tus enemigos levantan el pesado madero de la Cruz, y lo dejan caer en el hoyo que han preparado. Y Tú, dulce amor mío, quedas suspendido entre el cielo y la tierra.

En este solemne momento, te diriges al Padre, y con voz débil y apagada, le dices: "Padre Santo, heme aquí, cargado con todos los pecados del mundo; no hay pecado que no recaiga sobre mí. Por eso, no descargues sobre los hombres los flagelos de tu divina justicia, sino sobre mí, tu Hijo. Oh Padre, ¿no ves a qué estado me he reducido? Por esta Cruz y en virtud de estos dolores, concede a todos el perdón, verdadera conversión, paz y santidad. Detén tu indignación contra la pobre Humanidad, contra mis hijos. Están ciegos y no saben lo que hacen. Por eso mírame bien, cómo he quedado reducido por causa de ellos. Si no te mueves a compasión por ellos, enternécete al menos, al ver mi rostro escupido y cubierto de sangre; lívido e hinchado, por tantas bofetadas y golpes que he recibido. ¡Piedad, Padre mío! Yo era el más hermoso de todos, y ahora estoy tan desfigurado que ya no me reconozco. He llegado a ser la abominación de todos. Por eso, ¡a cualquier precio, quiero salvar a la pobre criatura!".

Crucificado amor mío, yo también quiero seguirte ante el Trono del Eterno; y junto contigo, quiero desarmar a la divina justicia. Hago mía tu santísima Humanidad, me uno con mi voluntad a la tuya, y junto contigo, quiero hacer lo que haces Tú. Es más, permíteme que corran mis pensamientos en los tuyos; mi amor, mi voluntad, mis deseos en los tuyos; mis latidos corran en tu Corazón y todo mi ser en ti, a fin de que no deje escapar nada, y repita acto por acto, y palabra por palabra, todo lo que haces Tú.

Pero veo, crucificado bien mío, que Tú, viendo al divino Padre grandemente indignado contra las criaturas, te postras ante Él, y ocultas a todas las criaturas dentro de tu santísima Humanidad, poniéndolos al seguro, para que el Padre, mirándonos en ti, no nos eche a las criaturas de sí. Si las mira airado, es porque todas las almas han desfigurado la bella imagen que Él creó, y no tienen más pensamientos, que para desconocerlo y ofenderlo. De su inteligencia, que debía ocuparse en comprenderlo, forman por el contrario, una guarida donde anidan todos los pecados. Y Tú, oh Jesús mío, para aplacarlo, atraes la atención del divino Padre a que mire tu santísima cabeza, traspasada en medio de atroces dolores que en tu mente tienen, como clavadas a todas las inteligencias de las criaturas, y por las cuales y por cada una, ofreces una expiación para satisfacer a la divina justicia. Oh, cómo estas espinas son ante la Majestad divina, voces piadosas que excusan todos los malos pensamientos de las criaturas.

Jesús mío, mis pensamientos sean uno solo con los tuyos; por eso, contigo ruego, imploro, reparo y excuso ante la divina Majestad, por todo el mal que hacen todas las criaturas con la inteligencia.

Permíteme que tome tus espinas y tu misma inteligencia, y que vaya recorriendo contigo a todas las criaturas; y una tu inteligencia a las suyas, y que con la santidad de tu inteligencia, les devuelva la primera inteligencia, tal como fue, por ti creada. Que con la santidad de tus pensamientos, ordene todos los pensamientos de las criaturas en ti. Y que con tus espinas, traspase la mente de todas y de cada una de las criaturas, y te devuelva el dominio y el gobierno de todas.

Ah sí, oh Jesús mío, Tú solo sé el dominador de cada pensamiento, de cada acto de todas las personas. Rige Tú solo, cada cosa, y sólo así, la faz de la tierra que causa horror y espanto, será renovada.

Más, me doy cuenta, crucificado Jesús, que aún ves al divino Padre indignado, que mira a las pobres criaturas y las ve a todas, tan enfangadas de pecados, y cubiertas con las más repugnantes asquerosidades, que dan asco a todo el cielo. Oh, cómo queda horrorizada la pureza de la mirada divina; casi no reconociendo como obra de sus manos santísimas, a la pobre criatura. Es más, parece que sean otros tantos monstruos, que ocupan la tierra y que atraen la indignación de la mirada del Padre.

Pero Tú, oh Jesús mío, para aplacarlo, tratas de endulzarlo, cambiando sus ojos por los tuyos, haciéndole verlos cubiertos de sangre e hinchados de lágrimas; y lloras ante la divina Majestad, para moverla a compasión por la desgracia de tantas pobres criaturas, y oigo que le dices: "Padre mío, es cierto que la ingrata criatura cada vez más, se va enfangando con pecados, hasta no merecer ya, tu mirada paterna. Pero mírame, oh Padre, Yo quiero llorar tanto ante ti, que forme un baño de lágrimas y de sangre, para lavar todas las inmundicias con que se han cubierto las criaturas. Padre mío, ¿querrás acaso Tú, rechazarme? ¡No!, no puedes, soy tu Hijo. Y a la vez que soy tu Hijo, soy también la cabeza de todas las criaturas, y ellas son mis miembros. ¡Salvémoslas!, oh Padre, salvémoslas".

Jesús mío, amor sin fin; quisiera tener tus ojos para llorar ante la Majestad suprema, por la pérdida de tantas pobres criaturas y por estos tiempos tan tristes.

Permíteme que tome tus lágrimas y tus mismas miradas, que son una con las mías, y recorra a todas las criaturas. Y para moverlas a compasión por sus almas y por tu amor, les hará ver que Tú lloras por su causa, y que mientras se van enfangando, Tú tienes preparadas tus lágrimas y tu Sangre para lavarlas, y así, al verte llorar, se rendirán. Ah, con éstas tus lágrimas, permíteme que lave todas las inmundicias de las criaturas; que haga descender estas lágrimas en sus corazones y ablande a tantas almas endurecidas en el pecado. Que venza la obstinación de los corazones, y haga penetrar en ellos tus miradas, haciéndoles levantar al cielo sus miradas para amarte; y no las dejen más, vagar sobre la tierra para ofenderte. Así, el divino Padre no desdeñará mirar a la pobre humanidad.

Crucificado Jesús, veo que el divino Padre aún no se aplaca en su indignación, porque mientras, su paterna bondad es movida por tanto amor a la pobre criatura. Amor que ha llenado cielo y tierra de tantas pruebas de amor, y de beneficios hacia ella; tantas, que se pueda decir que en cada paso y acto de la criatura, se siente correr el amor y las gracias de ese Corazón Paterno. Y la criatura, siempre ingrata, no quiere reconocerlo, sino que hace frente a tanto amor, llenando cielos y tierra de insultos, de desprecios y de ultrajes; y llega a pisotearlo bajo sus inmundos pies, queriendo destruirlo si pudiera. Todo por idolatrarse a sí misma. ¡Ah, todas esas ofensas penetran hasta en los cielos, y llegan ante la Majestad divina, la cual, oh cómo se indigna viendo a la vilísima criatura, que llega hasta insultarla y ofenderla en todos los modos posibles.

Pero Tú, oh Jesús mío, siempre atento a defendernos con la fuerza arrebatadora de tu amor, fuerzas al Padre a que mire tu santísimo rostro, cubierto de todos estos insultos y desprecios, y le dices: "Padre mío, no rechaces a las pobres criaturas; si las rechazas a ellas, a mí me rechazas. Ah, ¡Aplácate! Todas estas ofensas las tengo sobre mi rostro, que te responde por todas. Padre mío, detén tu furor contra la pobre humanidad; son ciegos y no saben lo que hacen. Por eso mira bien cómo he quedado reducido por su causa. Si no te mueves a compasión por la mísera humanidad, que te enternezca mi rostro lleno de salivazos, cubierto de sangre, amoratado e hinchado por tantas bofetadas y golpes como he recibido ¡Piedad, Padre mío! Yo era el más bello de los hijos de los hombres y ahora estoy tan desfigurado, que soy irreconocible; soy oprobio para todos. Por eso, a cualquier precio quiero a la criatura salva".

Jesús mío, ¿pero es posible que nos ames tanto? Tu amor tritura mi pobre corazón; pero queriéndote seguir en todo, déjame que tome, éste tu rostro santísimo, para tenerlo en mi poder; para mostrarlo continuamente así, desfigurado al Padre, con el fin de moverlo a compasión por la pobre humanidad, que está tan oprimida bajo el látigo de la divina justicia, que yace como moribunda.

Permíteme que vaya en medio de las criaturas, y les haga ver tu rostro tan desfigurado por su causa, y las mueva la compasión de sus almas y de tu amor. Que con la luz que brota de ese rostro y con la fuerza arrebatadora de tu amor, les haga comprender quién eres Tú, y quiénes son ellas que se atreven a ofenderte; y haga resurgir sus almas de en medio de tantos pecados en que viven, muertas a la gracia; y les haga postrarse ante ti a todas, en acto de adorarte y de glorificarte.

Jesús mío, crucificado adorable, la criatura continúa irritando sin cesar, a la divina justicia. De su lengua hace resonar el eco de horribles blasfemias, voces de imprecaciones y maldiciones, conversaciones malas, tramas para preparar cómo destrozarse mejor entre ellas y llevar a cabo, horribles matanzas y asesinatos.

Ah, todas estas voces ensordecen la tierra, y penetrando hasta en los cielos, ensordecen los oídos divinos. Y Dios, cansado de estos ecos malignos que las criaturas le envían, siente que querría deshacerse de ellas y arrojarlas lejos de sí, porque todas estas voces malignas, imprecan y claman venganza y justicia contra ellas mismas.

Oh, cómo la divina justicia se siente constreñida a descargar flagelos. Cómo encienden su furor contra la criatura; tantas blasfemias horrendas. Pero Tú, Jesús mío, amándonos con sumo amor, haces frente a estas voces malignas con tu voz omnipotente y creadora, y haces resonar tu dulcísima voz en los oídos del Padre, para repararlo por las molestias que le dan las criaturas, con otras tantas voces de bendiciones, de alabanzas y clamas: "Misericordia, gracias, amor, para la pobre criatura".

Y para aplacarlo más, le demuestras tu santísima boca, y le dices: "Padre mío, mírame de nuevo. No oigas las voces de las criaturas, sino escucha la mía. Soy Yo, quien te da satisfacción por todas; por eso te ruego que mires a las criaturas, pero que las mires en mí; pues si las miras fuera de mí, ¿qué sería de ellas? Son débiles, ignorantes, capaces sólo de hacer el mal, llenas de todas las miserias. Piedad, piedad por las pobres criaturas. Yo te respondo por ellas con mi lengua amargada por la hiel, reseca por la sed y quemada y abrasada por el amor".

Amargado Jesús mío, mi voz en la tuya también quiere hacer frente a todas esas ofensas. Déjame que tome tu lengua, tus labios, y que recorra a todas las criaturas y toque sus lenguas con la tuya; para que sintiendo ellas, en el momento de ofenderte, la amargura de la tuya, no vuelvan a blasfemar; si no es por amor, al menos por la amargura que sientan. Déjame que toque sus labios con los tuyos, a fin de que haciéndoles sentir en sus labios, el fuego de la culpa, y haciendo resonar tu voz omnipotente en todos los pechos, pueda detener la corriente de todas las voces malas, y cambiar a todas las voces humanas, en voces de bendiciones y alabanzas.

Crucificado bien mío, ante tanto amor y dolor tuyo, la criatura no se rinde aún; por el contrario, despreciándote, va añadiendo pecados y pecados, cometiendo enormes sacrilegios, homicidios, suicidios, fraudes, engaños, crueldades y traiciones.

Ah, todas estas obras malas, hacen más pesados los brazos paternos, y el Padre, no pudiendo sostener su peso, está a punto de dejarlos caer, haciendo llover sobre la tierra, cólera y destrucción. Y Tú, oh Jesús mío, para librar a la criatura de la cólera divina, temiendo ver a la criatura destruida, tiendes tus brazos al Padre, para que Él no los deje caer y destruya a la criatura; y ayudándolo con los tuyos a sostener el peso, lo desarmas e impides a la justicia, que actúe.

Y para moverlo a compasión por la mísera humanidad y enternecerlo, con voz más conmovedora le dices: "Padre mío, mira mis manos destrozadas, y estos clavos que me las traspasan, que me tienen clavado, junto con todas estas obras malas. Ah, en estas manos siento, todos los dolores que me dan todas estas malas obras. ¿No estás contento, Padre mío, con mis dolores? ¿No son acaso capaces de satisfacerte? Ah, estos mis brazos descoyuntados y descarnados, sean para siempre cadenas que tengan atadas a todas las pobres criaturas, a fin de que ninguna me huya; sólo la que quisiera arrancarse de mí, a viva fuerza. Y éstos, mis brazos, sean las cadenas amorosas que te aten también a ti, Padre mío, para impedirte que destruyas a la pobre criatura; más aún, te atraigan siempre más hacia ella, para que derrames abundantemente, sobre ella, tus gracias y tus misericordias".

Jesús mío, tu amor es un dulce encanto para mí; y me mueve a hacer todo lo que haces Tú. Por eso, dame tus brazos, pues quiero impedir junto contigo, a costa de cualquier pena, que intervenga la justicia divina, contra la pobre humanidad.

Con la sangre que escurre de tus manos, quiero extinguir el fuego de la culpa que la enciende y aplacar su furor. Y para mover al Padre a más piedad por las criaturas, permíteme que en tus brazos ponga tantos miembros destrozados, los gemidos de tantos pobres heridos, tantos corazones doloridos y oprimidos y déjame que recorra a todas las criaturas y las estreche a todas en tus brazos, para que todas vuelvan a tu Corazón.

Permíteme que con la potencia de tus manos creadoras, detenga la corriente de tantas obras malas y pecaminosas, e impida a todos hacer el mal.

Amable Jesús mío crucificado, la criatura no está satisfecha aún de ofenderte. Quiere beber hasta el fondo, todas las heces del pecado y corre como enloquecida, por el camino del mal. Se precipita cada vez más, de pecado en pecado; desobedece y desconoce tus leyes, y desconociéndote a ti, se rebela más contra ti; y casi, sólo por darte dolor, quiere irse al infierno. Oh, cómo se indigna la Majestad suprema. Y Tú, oh Jesús mío, triunfando sobre todo, hasta sobre la obstinación de las criaturas para aplacar al divino Padre; le muestras toda tu santísima Humanidad lacerada, descoyuntada, descarnada y destrozada en modo horrible; y tus santísimos pies, traspasados, en los que contienes todos los pasos de las criaturas que te dan dolores de muerte; tanto, que están deformes por la atrocidad de los dolores.

Y oigo tu voz, más que nunca, conmovedora, como a punto de extinguirse, que a fuerza de amor y de dolor quiere vencer a la criatura y triunfar sobre el Corazón del Padre diciendo: "Padre mío, mírame de la cabeza a los pies. No hay parte sana en mí. Ya no tengo donde hacerme abrir nuevas llagas y procurarme otros dolores. Si no te aplacas ante este espectáculo de amor y de dolor, ¿quién va a poder aplacarte? Oh criaturas, si no se rinden ante tanto amor, ¿qué esperanza de conversión les queda? Éstas, mis llagas y esta Sangre mía, sean siempre voces que hagan descender del cielo a la tierra, gracias de arrepentimiento, de perdón y de compasión hacia la pobre humanidad".

Jesús mío, te veo en estado de violencia para aplacar al Padre y para vencer a la pobre criatura. Por lo cual, permíteme que tome tus santísimos pies, vaya a todas las criaturas y ate sus pasos a tus pies; para que si quieren caminar por el camino del mal, sintiendo las ataduras que has puesto entre Tú y ellas, no puedan. Ah, con estos, tus pies, hazles echarse atrás del camino del mal y ponlas en el sendero del bien, haciéndolas más dóciles a tus leyes. Con tus clavos, cierra el infierno para que nadie más caiga en él.

Jesús mío, amante crucificado, veo que ya no puedes más. La tensión terrible que sufres sobre la Cruz por el continuo moverse de tus huesos, que cada vez más, se dislocan a cada pequeño movimiento; las carnes, que cada vez más, se abren; las repetidas ofensas que te añaden, repitiéndote una pasión y muerte más dolorosa; la sed ardiente que te consume; las penas interiores que te ahogan de amargura, de dolor y de amor; y en tantos martirios tuyos, la ingratitud humana que te hace frente y que penetra, como una ola impetuosa hasta dentro de tu Corazón traspasado. ¡Ay!, te aplastan de tal manera, que tu santísima Humanidad, no resistiendo bajo el peso de tantos martirios, está a punto de sucumbir; y como delirando por el amor y por el sufrimiento, suplica ayuda y piedad.

Crucificado Jesús, ¿será posible que Tú, que riges todo y das vida a todos, pidas ayuda? Ah, cómo quisiera penetrar en cada gota de tu Sangre, y derramar la mía para endulzarte cada llaga; para mitigar el dolor de cada espina y hacer menos dolorosas sus punzadas; y para aliviar en cada pena interior de tu Corazón, la intensidad de tus amarguras. Quisiera darte vida por vida, y si me fuera posible, quisiera desclavarte de la Cruz para substituirte.

Pero veo que soy nada y que no puedo nada; soy demasiado insignificante. Por eso, dame a ti mismo. Tomaré vida en ti, te daré a ti mismo; sólo así, mis ansias quedarán satisfechas.

Destrozado Jesús, veo que tu santísima Humanidad se agota, para dar en todo cumplimiento a nuestra redención. Tienes necesidad de ayuda, pero de ayuda divina, y por eso te arrojas en los brazos del Padre y le pides ayuda y piedad. Oh, cómo se enternece el divino Padre, mirando la horrenda destrucción de tu santísima Humanidad; la terrible obra que el pecado ha hecho en tus sagrados miembros. Y Él, para satisfacer tus ansias de amor, te estrecha a su Corazón paterno, y te da los auxilios necesarios para dar cumplimiento a nuestra redención. Y mientras te estrecha, en tu Corazón, sientes más fuerte repetirse, los martillazos y los clavos, los rayos de los flagelos, el abrirse de las llagas, las punzadas de las espinas.

Oh, cómo queda conmovido el Padre. Cómo se indigna viendo, que todas estas penas te las dan en tu Corazón, hasta las almas consagradas a ti. Y en su dolor te dice: "¿Pero es posible, Hijo mío, que ni siquiera la parte por ti elegida, esté contigo? Al contrario, parece que sean almas que piden refugio y ocultarse en éste, tú Corazón, para amargarte y darte una muerte más dolorosa. Y lo que es peor, todos estos dolores que te dan, van ocultos y cubiertos con hipocresías. Ah, Hijo, no puedo contener más mi indignación por la ingratitud de estas almas, que me dan más dolor, que las de todas las demás criaturas juntas".

Pero Tú, oh Jesús mío, triunfando en todo, defiendes a estas almas, y con el amor inmenso de tu Corazón, das reparación por las oleadas de amarguras y de heridas mortales, que estas almas te envían.

Y para aplacar al Padre, le dices: "Padre mío, mira éste, mi Corazón. Que todos estos dolores te satisfagan, y por cuanto más amargos, tanto más potentes sean sobre tu Corazón de Padre, para obtenerles, gracia, luz, perdón. Padre mío, no las rechaces; ellas serán mis defensoras y continuarán mi vida sobre la tierra. Oh Padre amorosísimo, considera que si bien, mi Humanidad ha llegado ahora al colmo de sus sufrimientos, también, éste mi Corazón, estalla por las amarguras y por las íntimas penas e inauditos tormentos que he sufrido a lo largo, de casi 34 años, desde el primer instante de mi encarnación.

Tú conoces, oh Padre, la intensidad de estas penas interiores, tan dolorosas, que hubieran sido capaces de hacerme morir a cada momento de puro dolor, si nuestra Omnipotencia no me hubiera sostenido, para prolongar mi padecer hasta esta extrema agonía. Ah, si todas las penas de mi santísima Humanidad, que te he ofrecido hasta ahora, para aplacar tu justicia sobre todos, y para atraer sobre todos tu misericordia triunfadora, no te bastan ahora de un modo particular, Yo te presento, por las faltas y los extravíos de las almas consagradas a nosotros, este mi Corazón despedazado, oprimido y triturado, pisoteado en el lagar de todos los instantes de mi vida mortal.

Ah, observa, Padre mío, que éste es el Corazón que te ha amado con infinito amor; que siempre ha vivido abrasado de amor por mis hermanos, hijos tuyos en mí. Éste es el Corazón generoso con el que he anhelado sufrir, para darte la completa satisfacción, por todos los pecados de los hombres. Ten piedad de sus desolaciones, de su continuo penar, de sus tedios, de sus angustias, de sus tristezas, hasta la muerte. ¿Acaso ha habido, Padre mío, un solo latido de mi Corazón, que no haya buscado tu gloria, aun a costa de penas y de sangre, y la salvación de todos mis hermanos? ¿No ha salido de éste, mi Corazón siempre oprimido, las ardientes súplicas, los gemidos, los suspiros, los clamores, con que durante casi 34 años he llorado y clamado misericordia en tu presencia?

Tú me has escuchado, oh Padre mío, una infinidad de veces y por una infinidad de almas, y te doy gracias infinitas. Pero mira, oh Padre mío, cómo mi Corazón no puede calmarse en sus penas, aun por una sola alma que haya de escapar a su amor; porque nosotros amamos a un alma sola, tanto como a todas las almas juntas. ¿Y se dirá, que habré de dar el último respiro sobre este doloroso patíbulo, viendo perecer miserablemente, incluso, almas a nosotros consagradas?

Yo estoy muriendo en un mar de angustias por la iniquidad y por la pérdida eterna del pérfido Judas, que me fue tan duro e ingrato, que rechazó todas mis finuras amorosas y delicadas, y al que Yo hice tanto bien, que llegué a hacerlo sacerdote y Obispo, como a los demás Apóstoles míos.

¡Ah Padre mío, detén este abismo de penas. Oh, cuántas almas veo, elegidas por nosotros a esta vocación sagrada, que quieren imitar a Judas; cual más, cual menos. ¡Ayúdame! Padre mío, ayúdame; no puedo soportar todas estas penas. Mira si hay una fibra en mi Corazón, una sola fibra, que no esté atormentada más que todos los destrozos de mi cuerpo divino. Mira si toda la sangre que estoy derramando, no brote más que de mis llagas; de mi Corazón, que se deshace de amor y de dolor.

Piedad, Padre mío, piedad; no para Mí, que quiero sufrir y padecer hasta lo infinito por las pobres criaturas, sino piedad de todas las almas, especialmente de las llamadas a ser mis esposas, a ser mis sacerdotes. Escucha, oh Padre, mi Corazón, que sintiéndose faltar la vida, acelera sus encendidos latidos y grita: ¡Padre mío, por mis innumerables penas, te pido, gracias eficaces de arrepentimiento y de verdadera conversión, para todas estas infelices almas, que ninguna se pierda!

¡Tengo sed!, Padre mío, tengo sed de todas las almas, pero especialmente de éstas. Tengo sed de sufrir más por cada una de estas almas. Siempre he hecho tu voluntad, Padre mío, y ahora, ésta es mi voluntad, que es también la tuya. Ah, haz que sea cumplida perfectamente por amor a mí, tu Hijo amadísimo, en quien has encontrado todas tus complacencias".

Oh Jesús mío, me uno a tus súplicas, a tus padecimientos, a tu amor penante. Dame tu Corazón, para que sienta tu misma sed por las almas consagradas a ti, y te restituya el amor y los afectos de todas. Permíteme ir a todas y que les lleve tu Corazón, para que a su contacto, se enfervoricen las frías, se conmuevan las tibias, se sientan llamar de nuevo las extraviadas y lleguen a ellas de nuevo las gracias que han rechazado.

Tu Corazón está sofocado por el dolor y por la amargura, al ver incumplidos, por su incorrespondencia, tantos designios que tenías sobre ellas, y al ver a tantas otras almas que deberían tener vida y salvación, por medio de aquellas que sufren las tristes consecuencias. Por eso quiero mostrarles tu Corazón tan amargado por causa suya, y arrojar en ellas, dardos de fuego de tu Corazón. Quiero hacer que escuchen tus súplicas y todos tus padecimientos por ellas, y así no será posible que no se rindan a ti; así volverán arrepentidas a tus pies y tus designios amorosos sobre ellas, se verán cumplidos. Estarán en torno a ti y en ti, ya no para ofenderte sino para repararte, para consolarte y defenderte.

Crucificado Jesús, vida mía, veo que continúas agonizando en la Cruz, pero que no está aún satisfecho tu amor y que quieres dar cumplimiento a todo. También yo agonizo contigo y llamo a todos: ¡Ángeles, Santos, vengan al Calvario, a contemplar los excesos y las locuras de amor de un Dios! Besemos sus llagas sangrantes, adorémoslas, sostengamos esos miembros lacerados y agradezcamos a Jesús por nuestra redención. Miren también a la traspasada Mamá, que tantas penas y muertes siente en su Corazón Inmaculado, por cuantas penas ve en su Hijo y Dios. Sus mismos vestidos están llenos de sangre, sangre que está derramada por todo el Calvario; y nosotros, todos juntos tomemos esta sangre, suplicando a la dolorida Mamá que se una a nosotros.

Recorramos todo el mundo y vayamos en ayuda de todos; socorramos a los que están en peligro de muerte, para que no perezcan; a los caídos en el pecado, para que se levanten de nuevo; y a aquellos que están por caer, para que no caigan.

Demos esta Sangre a tantos pobres ciegos, para que en ellos resplandezca la luz de la verdad. Vayamos especialmente en medio de los pobres combatientes, seamos para ellos vigilantes centinelas, y si van a caer alcanzados por las balas, recibámoslos en nuestros brazos para confortarlos.

Si se ven abandonados por todos o si están impacientes por su triste suerte, démosles esta Sangre para que se resignen y se mitigue la atrocidad de sus dolores. Y si vemos que hay almas a punto de caer en el infierno, démosles esta Sangre divina, que contiene el precio de la redención, y arrebatémoslas a Satanás.

Mientras tengo a Jesús estrechado a mi corazón, para tenerlo defendido de todo y reparado por todo, estrecharé a todos a este Corazón, a fin de que todos puedan obtener gracias eficaces de conversión, de fuerza y de salvación.

Oh Jesús, veo que la sangre te chorrea de tus manos y de tus pies. Los Ángeles, llorando y haciéndote corona, admiran los portentos de tu inmenso amor.

Veo al pie de la Cruz, a tu dulce Mamá, traspasada por el dolor, y a tu predilecto Juan. Todos petrificados en un éxtasis de estupor, de amor y de dolor. Oh Jesús, me uno a ti y me estrecho a tu Cruz, tomo toda tu Sangre y la derramo en mi corazón. Y cuando vea tu justicia irritada contra los pecadores, para aplacarla, le mostraré esta Sangre. Cuando quiera la conversión de almas obstinadas en el pecado, te mostraré a ti esta Sangre; y en virtud de ella, no podrás rechazar mi plegaria, porque en mis manos tengo ya, la prenda para ser escuchada.

Y ahora, crucificado bien mío, en nombre de todas las generaciones, pasadas, presentes y futuras, junto con nuestra Mamá y con todos los Ángeles, me postro profundamente ante ti, diciéndote: "Te adoramos, oh Cristo, y te bendecimos, porque por tu santa Cruz has redimido al mundo".

La Primera Palabra

Crucificado bien mío, te veo sobre la Cruz como en tu trono de triunfo; en acto de conquistar todo y a todos los corazones, y de atraerlos tanto a ti, que todos puedan sentir tu sobrehumano poder. La naturaleza horrorizada ante tan gran delito, se postra ante ti, y espera silenciosa una palabra tuya para rendirte homenaje, y hacer que tu dominio sea reconocido. El sol lloroso retira su luz, no pudiendo sostener tu vista, demasiado dolorosa. El infierno siente terror y silencioso, espera. De modo que todo es silencio.

Tu traspasada Mamá, tus fieles, permanecen todos mudos y petrificados ante la vista ¡ay!, demasiado dolorosa, de tu destrozada y descoyuntada Humanidad; y silenciosos, esperan también una palabra tuya. Tu misma Humanidad, que yace en un océano de dolores, entre los atroces espasmos de la agonía, permanece silenciosa, tanto que se teme que de un respiro a otro, Tú mueras. ¿Qué más? Los mismos pérfidos judíos, los despiadados verdugos, que hasta hace poco te ultrajaban y te escarnecían llamándote impostor y malhechor; los ladrones que te blasfemaban; todos callan, enmudecen. El remordimiento los invade, y si algún insulto se esfuerzan por lanzarte, les muere en los labios.

Pero penetrando en tu interior, veo que el amor se acrecienta, te ahoga y no puedes contenerlo; y obligado por tu amor que te atormenta, más que las mismas penas, con voz fuerte y conmovedora hablas como el Dios que eres. Levantas tus agonizantes ojos al cielo y clamas: "**¡Padre, perdónalos, porque no saben lo que hacen!**" Y de nuevo te quedas en silencio, inmerso en tus penas inauditas.

Crucificado bien mío, ¿es posible tanto amor? Ah, después de tantas penas e insultos, la Primera Palabra es de perdón; de tantos pecados nos excusas ante el Padre. Ah, esta Palabra, la haces descender en cada corazón después de la culpa; y Tú eres el primero en ofrecer el perdón. Pero cuántos lo rechazan y no lo aceptan; tu amor entonces da en delirio, porque Tú quieres dar a todos, el perdón y el beso de paz.

Ante esta Palabra tuya, tiembla el infierno y te reconoce como Dios. La naturaleza y todos quedan atónitos y reconocen tu divinidad, tu inextinguible amor; y silenciosos esperan para ver hasta dónde llega. Y no sólo tu voz, sino también tu Sangre y tus llagas, gritan a cada corazón después del pecado: "Ven a mis brazos, que te perdono; el sello del perdón, es el precio de mi Sangre".

Oh amable Jesús mío, repite de nuevo esta Palabra a cuantos pecadores hay en el mundo. Implora misericordia para todos, aplica los méritos infinitos de tu preciosísima Sangre a todos, a todos. Oh buen Jesús, continúa aplacando a la divina justicia y concede la gracia a quien, hallándose en el momento de tener que perdonar, no siente la fuerza.

Jesús mío, crucificado, adorado, en estas tres horas de amarguísima agonía, Tú quieres dar cumplimiento a todo. Y mientras permaneces silencioso en la Cruz, veo que en tu interior quieres satisfacer en todo y por todo al Padre.

Por todos, le agradeces; por todos, lo satisfaces; por todos, pides perdón; y para todos, impetras la gracia de que ya nunca más te ofendan. Y para obtener esto del Padre, resumes toda tu vida desde el primer instante, desde tu concepción, hasta tu último respiro. Jesús mío, amor interminable, déjame que también yo recapitule toda tu vida junto contigo, y con la inconsolable Mamá.

Dulce Jesús mío, te doy las gracias por tantas espinas que han traspasado tu adorable cabeza; por las gotas de Sangre, que de ellas has derramado; por los golpes que en ella has recibido y por los cabellos que te han arrancado. Y te doy las gracias por todo el bien que has hecho, e impetrado para todos; por las luces y las buenas inspiraciones que a todos nos has dado; y por cuantas veces, has perdonado nuestros pecados de pensamientos malos, de soberbia, de orgullo y de estima propia.

Te pido perdón en nombre de todos, oh Jesús mío, por cuantas veces te hemos coronado de espinas; por cuantas gotas de sangre te hemos hecho derramar de tu sacratísima cabeza; y por todas las veces que no hemos correspondido a tus inspiraciones. Por todos estos dolores que has sufrido, te suplico, oh Jesús, la gracia de no volver a cometer nunca más, pecados de pensamiento. Quiero además ofrecerte todo lo que Tú mismo sufriste en tu santísima cabeza, para darte toda la gloria, que todas las criaturas te habrían dado, si hubieran hecho uso de su inteligencia, según tu Voluntad.

Adoro, oh Jesús mío, tus sacratísimos ojos. Y te doy las gracias por todas las lágrimas y la Sangre que han derramado, por las crueles punzadas de las espinas, por los insultos, befas y burlas soportados durante toda tu Pasión. Te pido perdón por todos los que se sirven de la vista, para ofenderte y ultrajarte; suplicándote, por los dolores sufridos en tus santísimos ojos, que nos concedas la gracia de que nadie más te ofenda con malas miradas. Y quiero ofrecerte todo lo que Tú mismo padeciste en tus santísimos ojos, para darte toda la gloria que las criaturas te habrían dado, si sus miradas hubieran estado fijas solamente en el cielo, en la divinidad y en ti, Jesús mío.

Adoro tus santísimos oídos. Y te doy las gracias por todo lo que sufriste mientras aquellos malvados te aturdían con gritos e injurias, estando sobre el Calvario. Te pido perdón en nombre de todos, por cuantas malas conversaciones se escuchan, y te ruego que los oídos de todos los hombres, se abran a la verdad eterna, a la voz de la gracia, y que ninguno más te ofenda con el sentido del oído. Quiero ofrecerte igualmente, todo lo que Tú mismo sufriste en tus sacratísimos oídos, para darte toda la gloria que las criaturas te habrían dado, si de este sentido, siempre hubieran hecho uso según tu Voluntad.

Adoro y beso tu santísimo rostro, oh Jesús mío. Te doy las gracias por cuanto sufriste, por los salivazos, por las bofetadas, por las burlas recibidas y por todas las veces que te dejaste pisotear por tus enemigos. A nombre de todos, te pido perdón por cuantas veces se tiene la osadía de ofenderte, suplicándote que por esas bofetadas y salivazos recibidos, hagas que tu divinidad sea por todos reconocida, alabada y glorificada.

Es más, oh Jesús mío, quiero ir yo misma por todo el mundo, de oriente a occidente y de norte a sur, para reunir a todas las voces de las criaturas y convertirlas en otros tantos actos de alabanza, de amor y de adoración. Y quiero, oh Jesús mío, traer a ti todos los corazones de las criaturas, para que puedas derramar en todos, luz y verdad, amor y compasión de tu divina Persona.

Y mientras das el perdón a todos, te ruego que no permitas que ninguno más te ofenda, y si fuera posible, aun a costa de mi sangre, quiero ofrecerte, todo lo que Tú mismo sufriste en tu santísimo rostro, para darte toda la gloria que las criaturas te habrían dado, si ninguna se hubiera atrevido a ofenderte.

Adoro tu santísima boca. Y te doy las gracias por tus primeros llantos, por la leche que mamaste, por todas las palabras que dijiste, por cuantos besos encendidos de amor diste a tu santísima Madre, por el alimento que tomaste, por la amargura de la hiel, por la sed ardiente que padeciste en la Cruz, y por las plegarias que elevaste al Padre. Y te pido perdón, por cuantas murmuraciones y conversaciones pecaminosas y mundanas se hacen, y por cuantas blasfemias son pronunciadas por las criaturas. Quiero ofrecerte además, todas tus santas palabras, en reparación por sus palabras no buenas. Quiero ofrecerte la mortificación de tu gusto, para reparar sus gulas y todas las ofensas que se te hacen con el mal uso de la lengua. Y quiero ofrecerte todo, lo que Tú mismo sufriste en tu santísima boca, para darte toda la gloria que las criaturas te habrían dado, si ninguna hubiera osado ofenderte con el sentido del gusto y abusado de la lengua.

Oh Jesús, te doy las gracias por todo y a nombre de todos. A ti elevo un himno de agradecimiento eterno e infinito. Quiero ofrecerte, oh Jesús mío, todo lo que has sufrido en tu sacratísima Persona, para darte toda la gloria que te habrían dado todas las criaturas, si hubieran uniformado su vida a la tuya.

Te doy las gracias, oh Jesús, por todo lo que has sufrido en tus santísimos hombros, por cuantos golpes has recibido, por cuantas llagas te has dejado abrir en tu sacratísimo Cuerpo y por cuantas gotas de tu Sangre has derramado.

Te pido perdón en nombre de todos, por todas las veces en que, por amor a las comodidades, te han ofendido con placeres ilícitos y pecaminosos. Te ofrezco tu dolorosa flagelación, para reparar por todos los pecados cometidos con todos los sentidos, por el amor a los propios gustos, a los placeres sensibles, al propio "yo", y a todas las satisfacciones naturales. Quiero también ofrecerte todo lo que has sufrido en tus hombros, para darte toda la gloria que las criaturas te habrían dado, si hubieran en todo, tratado de agradarte sólo a ti y de refugiarse a la sombra de tu divina protección.

Jesús mío, beso tu pie izquierdo. Y te doy las gracias, por todos los pasos que diste en tu vida mortal y por cuantas veces, cansaste tus santos miembros, para ir en busca de almas para conducirlas a tu Corazón. Te ofrezco, oh Jesús mío, todas mis acciones, mis pasos y movimientos, con la intención de ofrecerte reparación por todo y por todos. Te pido perdón por todos aquellos que no obran con recta intención. Uno mis acciones a las tuyas, para que las mías sean divinizadas por las tuyas, y te las ofrezco, unidas a todas las obras que hiciste con tu santísima Humanidad, para darte toda la gloria que te habrían dado todas las criaturas, si hubieran obrado santamente y con fines rectos.

Te beso, oh Jesús mío, el pie derecho. Y te doy las gracias por todo cuanto has sufrido y sufres por mí, especialmente en esta Hora en que estás suspendido en la Cruz. Te doy las gracias por el desgarrador trabajo que te hacen los clavos en tus llagas, las cuales se abren cada vez más, con el peso de tu sacratísimo cuerpo.

Te pido perdón, por todas las rebeliones y desobediencias que cometen las criaturas, ofreciéndote los dolores de tus pies santísimos en reparación por estas ofensas, para darte toda la gloria que las criaturas te habrían dado, si en todo se hubieran mantenido sujetas a ti.

Oh Jesús mío, beso tu santísima mano izquierda. Y te doy las gracias por todo lo que has sufrido por mí, y por cuantas veces has aplacado a la divina justicia, satisfaciendo por todos.

Beso tu mano derecha. Y te doy las gracias por todo el bien que has obrado y que obras para todos, especialmente te doy las gracias por las Obras de la Creación, de la Redención y de la Santificación. En nombre de todos te pido perdón, por cuantas veces hemos sido desagradecidos e ingratos, entre tantos beneficios tuyos; y por tantas obras nuestras, hechas sin la recta intención de agradarte. Y en reparación por todas estas ofensas, quiero ofrecerte toda la perfección y la santidad de tus obras, para darte toda la gloria que las criaturas te habrían dado, si hubieran correspondido a todos esos beneficios.

Oh Jesús mío, beso tu sacratísimo Corazón. Y te doy las gracias por todo lo que has sufrido, deseado y ardientemente anhelado, por amor de todos y de cada uno en particular. Y te pido perdón, por tantos malos deseos, afectos y tendencias malas. Perdón, oh Jesús, por tantos que posponen tu amor, al amor de las criaturas. Y para darte la gloria que todos te hemos negado, te ofrezco todo lo que ha hecho y lo que continúa haciendo, tu adorabilísimo Corazón.

La Segunda Palabra

Crucificado amor mío, mientras oro contigo, la fuerza raptora de tu amor y de tus penas, mantiene mi mirada fija en ti, pero el corazón se me rompe, viéndote tanto sufrir. Tú deliras de amor y de dolor, y las llamas que abrasan tu Corazón se elevan tanto, que están en acto de devorarte, reduciéndote a cenizas. Tu amor reprimido, es más fuerte que la misma muerte, y Tú, queriendo desahogarlo, mirando al ladrón que está a tu derecha, se lo robas al infierno. Con tu gracia le tocas el corazón, y ese ladrón, se siente todo cambiado. Te reconoce y te confiesa como Dios, y lleno de contrición te dice: "Señor, acuérdate de mí cuando estés en el Reino". Y Tú no vacilas en responderle: "**Hoy estarás conmigo, en el paraíso**". Y haces de él, el primer triunfo de tu amor.

Pero veo que en tu amor, no solamente al ladrón le robas el corazón, sino también a tantos moribundos. Ah, Tú pones a su disposición tu Sangre, tu amor, tus méritos y usas todos los artificios y estratagemas divinas para tocarles el corazón y robarlos todos para ti. Pero también aquí, tu amor se ve obstaculizado. ¡Cuántos rechazos, cuántas desconfianzas, cuántas desesperaciones! Y es tan grande tu dolor, que de nuevo te reduce al silencio.

Quiero reparar, oh Jesús mío, por aquellos que desesperan de la divina misericordia, en el momento de la muerte. Dulce amor mío, inspírales a todos, fe y confianza ilimitada en ti, especialmente a aquellos que se encuentran, entre las angustias de la agonía; en virtud de esta Palabra tuya, concédeles luz, fuerza y ayuda, para poder morir santamente y volar de la tierra al cielo. En tu santísimo Cuerpo, en tu Sangre, en tus llagas, contienes a todas las almas, a todas, oh Jesús. Así pues, por los méritos de tu preciosísima Sangre, no permitas que ni siquiera una sola alma se pierda. Que tu Sangre, aún hoy les grite a todas, juntamente con tu Palabra: "**Hoy estarás conmigo, en el paraíso**".

La Tercera Palabra

Crucificado Jesús mío, tus penas aumentan cada vez más. Ah, sobre esta Cruz, Tú eres el verdadero Rey de los Dolores; y en medio de tantas penas, no se te escapa ningún alma, sino que le das tu vida a cada una. Pero tu amor se ve resistido por las criaturas, despreciado, no tomado en cuenta, y al no poder desahogarse, se hace cada vez más intenso y te procura indecibles torturas; y en estas torturas, va ideando qué más puede dar al hombre para vencerlo, y te hace decir: "¡Mira, oh alma, cuánto te he amado! Si no quieres tener piedad de ti misma, ten piedad al menos de mi amor".

Entre tanto, viendo que no tienes ya nada más que darle, pues ya te has dado todo, vuelves tu mirada agonizante a tu Mamá. También Ella está más que agonizante por causa de tus penas, y es tan grande el amor, que la tortura la tiene crucificada a la par contigo. Madre e Hijo se comprenden, entonces, Tú suspiras con satisfacción y te consuelas viendo que puedes dar tu Mamá a la criatura; y considerando en

Juan a todo el género humano, con voz tan tierna que enternece a todos los corazones, dices: "**Mujer, he ahí a tu hijo**", y a Juan: "**He ahí a tu madre**".

Tu voz desciende en su Corazón materno, y juntamente con las voces de tu Sangre, continúas diciéndole: "Madre mía, te confío a todos mis hijos. Todo el amor que me tienes a mí, tenlo para cada uno de ellos. Todos tus cuidados y ternuras maternas, sean también para cada uno de mis hijos. Tú me los salvarás a todos". La Mamá acepta. Pero son tan intensas tus penas, que de nuevo te reducen al silencio.

Oh Jesús mío, quiero reparar por las ofensas que se le hacen a la santísima Virgen, por las blasfemias e ingratitudes de tantos que no quieren reconocer los beneficios que nos has hecho a todos, dándonosla por Madre. ¿Cómo podremos agradecerte por tan gran beneficio? Recurro a ti mismo, oh Jesús mío, y en agradecimiento, te ofrezco tu misma Sangre, tus llagas y el amor infinito de tu Corazón.

Oh Mamá santa, ¿cuál no es tu conmoción al oír la voz de tu Hijo que te deja como Madre de todos nosotros? Yo te doy las gracias, Virgen bendita; y para agradecerte como mereces, te ofrezco la misma gratitud de tu Jesús. Oh dulce Mamá, sé Tú nuestra Madre, tómanos a tu cargo y no dejes que jamás te ofendamos en lo más mínimo. Mantennos siempre estrechados a Jesús, y con tus manos, átanos a todos a Él, de modo que nunca más podamos huir de Él. Con tus mismas intenciones, quiero reparar por todas las ofensas que se hacen a tu Jesús y a ti, dulce Mamá mía.

Oh Jesús mío, mientras continúas inmerso en tantas penas, abogas aún más, por la causa de la salvación de las almas. Yo por mi parte, no me quiero quedar indiferente, sino que quiero recorrer tus llagas, besarlas, curarlas y sumergirme en

tu Sangre, para poder decir junto contigo: "¡Almas, almas!".
Y quiero sostener tu cabeza traspasada y dolorida, para repararte y pedirte misericordia, amor y perdón, para todas.

La Cuarta Palabra

Penante Jesús mío, mientras me estoy abandonada y estrechada a tu Corazón, numerando tus penas, veo que un temblor convulsivo invade tu santísima Humanidad. Tus miembros se debaten, como si quisieran separarse unos de otros, y entre contorsiones por los atroces espasmos, gritas fuertemente: "**Dios mío, Dios mío, ¿Por qué, me has abandonado?**".

Ante este grito, todos tiemblan, las tinieblas se hacen más densas, y la Mamá petrificada palidece y casi se desmaya. ¡Vida mía y todo mío! ¡Jesús mío! ¿Qué veo? Ah, estás próximo a la muerte y aun, las mismas penas, tan fieles a ti, están por dejarte. Entre tanto, después de tanto sufrir, ves con inmenso dolor que no todas las almas están incorporadas en ti. Por el contrario, ves que muchas se perderán, y sientes su dolorosa separación, como si se arrancaran de tus miembros.

Y Tú, debiendo satisfacer a la divina justicia también por ellas, sientes la muerte de cada una, y hasta las penas mismas que sufrirán en el infierno, y gritas con fuerza a todos los corazones: "¡No me abandonen! Si quieren que sufra más penas, estoy dispuesto; pero no se separen de mi Humanidad. ¡Este es el dolor, de los dolores! ¡Esta es la muerte, de las muertes! Todo lo demás me sería nada, si no sufriera su separación de mí. Ah, piedad de mi Sangre, de mis llagas, de mi muerte. Este grito será continuo en sus corazones: Ah, no me abandonen".

Amor mío, cuánto me duelo junto contigo. Te asfixias; tu santísima cabeza cae ya sobre tu pecho; la vida te abandona. Amor mío, me siento morir. Pero también yo quiero gritar contigo: ¡Almas, almas! No me separaré de esta Cruz, ni de estas llagas tuyas, para pedirte almas; y si Tú quieres, descenderé en los corazones de las criaturas, los rodearé con tus penas para que no se me escapen; y si me fuese posible, quisiera ponerme a la puerta del infierno, para hacer retroceder a las almas que quieren ir ahí, y conducirlas a tu Corazón.

Pero Tú agonizas y callas, y yo lloro tu cercana muerte. Oh Jesús mío, te compadezco. Estrecho tu Corazón fuertemente al mío, lo beso y lo miro con toda la ternura de que ahora soy capaz. Y para procurarte un alivio mayor, hago mía la ternura divina, y con ella quiero compadecerte, con ella quiero convertir mi corazón en un río de dulzura y derramarlo en el tuyo, para endulzar la amargura que sientes por la pérdida de las almas.

Es en verdad doloroso este grito tuyo, oh Jesús; más que el abandono del Padre, es la pérdida de las almas que se alejan de ti, lo que hace escapar de tu Corazón este doloroso grito.

Oh Jesús mío, aumenta en todos la gracia, para que nadie se pierda, y que mi reparación sea a favor de aquellas almas que habrían de perderse, para que no se pierdan. Te ruego además, oh Jesús mío, por este extremo abandono, que des ayuda a tantas almas amantes, que por tenerlas de compañeras en tu abandono, parece que las privas de ti, dejándolas en tinieblas. Que sus penas sean, oh Jesús, como voces que llamen a todas las almas a tu lado y te alivien en tu dolor.

Vigésima segunda Hora: 2 a 3 de la tarde
Tercera hora de agonía en la Cruz. Muerte de Jesús

La Quinta Palabra

Crucificado mío, agonizante, abrazado a tu Cruz, siento el fuego que devora a toda tu divina Persona. El Corazón te palpita con tanta violencia, que hinchándote el pecho, te atormenta en un modo tan tremendo y horrible, que toda tu santísima Humanidad sufre una transformación que te hace irreconocible. El amor del que tu Corazón es hoguera, te seca y te quema todo, y Tú, no pudiendo contenerlo, sientes la fuerza de su tormento, que más que por la sed corporal o por haber derramado toda tu Sangre, te atormenta por la sed ardiente, por la salvación de nuestras almas. Tu sed de nosotros es tanta, que quisieras bebernos como agua, para ponernos a todos a salvo dentro de ti, y por eso, reuniendo tus debilitadas fuerzas, gritas: "**¡Tengo sed!**".

Esta Palabra la repites a cada corazón, diciéndole: "Tengo sed de tu voluntad, de tus afectos, de tus deseos, de tu amor; agua más fresca y dulce no podrías darme que tu alma. Ah, no me dejes abrasarme. Tengo sed ardiente, por la que no sólo me siento abrasar la lengua y la garganta, tanto que no puedo ya articular ni una palabra, sino que me siento también secar el Corazón y las entrañas. ¡Piedad de mi sed, piedad!". Y como delirando por la gran sed, te abandonas a la Voluntad del Padre.

Ah, mi corazón no puede vivir más, viendo la impiedad de tus enemigos, que en lugar de darte agua, te dan hiel y vinagre, y Tú no los rechazas. Ah, lo comprendo, es la hiel de tantos pecados, es el vinagre de nuestras pasiones no dominadas lo que quieren darte, y que en lugar de confortarte, te abrasan aún más. Oh Jesús mío, he aquí mi corazón, mis pensamientos, mis afectos; he aquí todo mi ser para calmar tu sed y para dar un alivio a tu boca seca y amargada. Todo lo que tengo, todo lo que soy, todo es para ti, oh Jesús mío. Si fueran necesarias mis penas para poder salvar incluso a una sola alma, aquí me tienes, estoy dispuesta a sufrirlo todo. A ti yo me ofrezco por entero, haz de mí lo que mejor te plazca.

Quiero reparar el dolor que sufres por todas las almas que se pierden, y por la pena que te dan aquellas, que cuando Tú permites que tengan tristezas o abandonos, ellas, en vez de ofrecértelos a ti para aplacar la sed devoradora que te consume, se abandonan a sí mismas, y así te hacen sufrir aún más.

La Sexta Palabra

Agonizante bien mío, el mar interminable de tus penas, el fuego que te consume, y más que nada, el querer supremo del Padre que quiere que Tú mueras, no nos permiten esperar que puedas continuar viviendo. Y yo ¿cómo voy a poder vivir sin ti?

Ya te faltan fuerzas, tus ojos se velan, tu rostro se transforma y se cubre de una palidez mortal. La boca está entreabierta, la respiración fatigosa e intermitente, tanto, que ya no hay más esperanzas de que te puedas reanimar. Al fuego que te abrasa se sustituye un frío, un sudor frío que te baña la frente. Los músculos y nervios, cada vez más se contraen por la crudeza de los dolores y por las heridas que hacen los clavos. Las llagas se siguen abriendo aún y yo tiemblo, me siento morir. Te miro, oh bien mío, y veo que de tus ojos brotan las últimas lágrimas, mensajeras de tu cercana muerte, mientras que fatigosamente haces oír aún otra Palabra: "**Todo está consumado**".

Oh Jesús mío, ya lo has agotado todo, ya no te queda nada más. El amor ha llegado a su término. Y yo, ¿me he consumido toda por tu amor? ¿Qué agradecimiento no deberé yo darte, cuál no tendrá que ser, mi gratitud hacia ti?

Oh Jesús mío, quiero reparar por todos, reparar por las faltas de correspondencia a tu amor, y consolarte por las afrentas que recibes de las criaturas, mientras que Tú te estás consumiendo de amor en la Cruz.

La Séptima Palabra

Jesús mío, crucificado agonizante, ya estás a punto de dar el último respiro de tu vida mortal. Tu santísima Humanidad está ya rígida. El Corazón parece que no te late más. Con la Magdalena, me abrazo a tus pies y quisiera, si fuera posible, dar mi vida para reanimar la tuya.

Entre tanto, oh Jesús, veo que de nuevo, abres tus ojos moribundos y miras en torno a la Cruz, como si quisieras decir tu último adiós a todos. Miras a tu agonizante Mamá, que ya no tiene más movimiento ni voz, por las tremendas penas que sufre, y con tu mirada, le dices: "Adiós Mamá, Yo me voy, pero te tendré en mi Corazón. Tú cuida de los míos y tuyos".

Miras a Magdalena, anegada en lágrimas; a tu fiel Juan y con tu mirada les dices: "Adiós". Miras con amor a tus mismos enemigos y con tu dulce y agonizante mirada, les dices: "Los perdono, y les doy el beso de paz". Nada escapa a tu mirada; de todos te despides y a todos perdonas.

Después, reuniendo todas tus fuerzas, y con voz potente y sonora gritas: **"Padre, en tus manos entrego mi espíritu"**, e inclinando la cabeza, expiras.

Jesús mío, a este grito, se trastorna toda la naturaleza y llora tu muerte, la muerte de su Creador. La tierra se estremece fuertemente y con su temblor, parece que llora y quiera sacudir el espíritu de todos, para que te reconozcan como el verdadero Dios. El velo del Templo se rasga, los muertos resucitan, el sol, que ha llorado hasta ahora por tus penas, retira su luz horrorizado. Tus enemigos, a este grito, caen de rodillas y golpeándose el pecho, algunos dicen: "Verdaderamente, éste es el Hijo de Dios". Y tu Madre, petrificada y moribunda, sufre penas más amargas que la muerte.

Muerto Jesús mío, con este grito nos has puesto también a todos nosotros en las manos del Padre, para que no nos rechace. Es por esto, por lo que has gritado fuerte, y no sólo con la voz sino con todas tus penas y con la voz de tu Sangre: "Padre, en tus manos pongo mi espíritu y a todas las almas".

Jesús mío, también yo me abandono en ti. Dame la gracia de morir por entero en tu amor, en tu Querer, y te suplico que no permitas jamás, que ni en la vida, ni en la muerte, salga yo de tu santísima Voluntad.

Quiero reparar por todos aquellos que no se abandonan perfectamente a tu santísima Voluntad, perdiendo o reduciendo así, el precioso fruto de tu redención. Cuál no será el dolor de tu Corazón, oh Jesús mío, al ver tantas criaturas que huyen de tus brazos y se abandonan a sí mismas. Oh Jesús mío, piedad para todos.

Beso tu cabeza coronada de espinas. Y te pido perdón por tantos pensamientos de soberbia, de ambición y de propia estima. Te prometo, que cada vez que me venga un pensamiento que no sea totalmente para ti y me encuentre en ocasión de ofenderte, gritaré inmediatamente: ¡Jesús, María, les entrego el alma mía!

Oh Jesús, beso tus hermosos ojos, húmedos aún por las lágrimas y cubiertos por la sangre. Te pido perdón por cuantas veces te ofendí con miradas inmodestas y pecaminosas. Te prometo que cada vez que mis ojos se sientan impulsados a mirar cosas de tierra, gritaré inmediatamente: ¡Jesús, María, les entrego el alma mía!

Oh Jesús, beso tus sacratísimos oídos, aturdidos hasta los últimos instantes por insultos y horribles blasfemias. Te pido perdón por cuantas veces he escuchado o he hecho escuchar, conversaciones que nos alejan de ti; y por cuantas conversaciones malas tienen las criaturas. Te prometo, que cada vez que me encuentre en la ocasión de oír aquello que no conviene, gritaré inmediatamente: ¡Jesús, María, les entrego el alma mía!

Oh Jesús mío, beso tu santísimo rostro, pálido, lívido, ensangrentado. Te pido perdón por tantos desprecios, insultos y afrentas como recibes de nosotros, vilísimas criaturas, con nuestros pecados. Te prometo, que cada vez que me venga la tentación de no darte toda la gloria, el amor y la adoración que se te deben, gritaré inmediatamente: ¡Jesús, María, les entrego el alma mía!

Oh Jesús mío, beso tu santísima boca, abrasada, seca y amargada. Te pido perdón por todas las veces que te he ofendido con malas conversaciones, y por cuantas veces he cooperado en amargarte y en acrecentar tu sed. Te prometo, que cada vez que me venga el pensamiento de decir cosas que podrían ofenderte, gritaré inmediatamente: ¡Jesús, María, les entrego el alma mía!

Oh Jesús, mío, beso tu cuello santísimo, en el que veo aún las marcas de las cadenas que te han oprimido. Te pido perdón por tantas cadenas, vínculos y apegos de las criaturas, que han añadido nuevas sogas y cadenas a tu santísimo cuello. Te prometo que cada vez que me sienta turbada por apegos, deseos y afectos que no sean sólo para ti, gritaré inmediatamente: ¡Jesús, María, les entrego el alma mía!

Jesús mío, beso tus hombros santísimos. Te suplico perdón, por tantas ilícitas satisfacciones. Perdón, por tantos pecados cometidos con los cinco sentidos de nuestro cuerpo. Te prometo que cada vez que me venga el pensamiento de tomarme algún placer o alguna satisfacción, que no sea para tu gloria, gritaré inmediatamente: ¡Jesús, María, les entrego el alma mía!

Jesús mío, beso tu pecho santísimo. Te pido perdón por tantas frialdades, indiferencias, tibiezas e ingratitudes tan horribles, que recibes de las criaturas. Te prometo que cada vez que me sienta enfriar en tu amor, gritaré inmediatamente: ¡Jesús, María, les entrego el alma mía!

Jesús mío, beso tus sacratísimas manos. Te pido perdón por todas las obras malas o indiferentes, por tantísimos actos envenenados por el amor propio y por la propia estima. Te prometo que cada vez que me venga el pensamiento de no obrar solamente por tu amor, gritaré inmediatamente: ¡Jesús, María, les entrego el alma mía!

Jesús mío, beso tus santísimos pies. Te suplico perdón por tantos pasos y por tantos caminos recorridos, sin tener la recta intención de agradarte; por tantos que de ti se alejan, para ir en busca de placeres de la tierra. Te prometo que cada vez que me venga el pensamiento de separarme de ti, gritaré inmediatamente: ¡Jesús, María, les entrego el alma mía!

Oh Jesús, beso tu sacratísimo Corazón. Quiero encerrar en él, junto con mi alma, a todas las almas redimidas por ti, para que todas se salven, sin excluir alguna. Oh Jesús, enciérrame en tu Corazón y cierra sus puertas, de modo que yo no pueda ver, desear o conocer nada fuera de ti. Te prometo, que cada vez que me venga el pensamiento de querer salir de éste tu Corazón, gritaré inmediatamente: ¡Jesús, María, les entrego el alma mía!

Vigésima tercera Hora: 3 a 4 de la tarde

Oh Jesús mío, ya estás muerto. Y yo, estando en tu Corazón, empiezo a gozar ya, de los copiosos frutos de la redención.

Aun los más incrédulos, se doblegan reverentes ante ti, golpeándose el pecho. Lo que no hicieron ante tu Cuerpo viviente, lo hacen ahora, ante tu Cuerpo ya muerto. La naturaleza se estremece, el sol se eclipsa, la tierra tiembla, los elementos se conmueven y parecen tomar parte en tu dolorosísima muerte. Los Ángeles, sobrecogidos de admiración y de amor, descienden del cielo a millares, te adoran y te rinden homenajes de reconocimiento, confesándote como nuestro verdadero Dios. Oh Jesús mío, yo también uno mis adoraciones a las suyas, y te ofrezco mi gratitud y todo el amor de mi pobre corazón.

Pero veo que tu amor no está aún satisfecho, y para darnos una última muestra, permites que un soldado se acerque a ti, y con una lanzada te abra el Corazón, haciéndote derramar las últimas gotas de Sangre y Agua, contenidas aún en él.

Oh ¿no quisieras Tú, permitir, Jesús mío, que esta lanza hiera también mi corazón? Ah sí, que esta lanza sea la que hiera mis deseos, mis pensamientos, mis latidos y mi voluntad, y que me dé tu Querer, tus pensamientos y toda tu vida de amor y de inmolación.

Corazón de mi Jesús, herido por esta lanza, ah, prepara a todas las almas, a un baño, un refugio a todos los corazones, un descanso a todos los atribulados.

De esta herida, es de donde haces brotar a tu amada Esposa, la Iglesia; de ahí, haces salir los Sacramentos y la vida de las almas. Y yo, junto con tu Madre santísima, cruelmente herida en su Corazón, quiero reparar por las ofensas, abusos y profanaciones que se le hacen a la Iglesia. Y por los méritos de esta herida y de María santísima, nuestra dulcísima Madre, te suplico que encierres a todos, en tu amantísimo Corazón; y que protejas, defiendas e ilumines a quienes rigen la Iglesia.

Oh Jesús mío, después de tu dolorosísima muerte, parece que yo no debería tener más vida propia. Pero en este, tu Corazón herido, encontraré mi vida, de modo que cualquier cosa que esté por hacer, la tomaré siempre de este Corazón divino.

No volveré a dar vida a mis pensamientos, pero si quisieran vida, la tomaré de tus pensamientos. Mi querer no volverá a tener vida, pero si vida quisiera, la tomaré de tu santísima Voluntad. No volverá a tener vida mi amor, pero si quisiera amor, tomaré la vida de tu amor. Oh Jesús mío, toda tu Voluntad sea mía, pues esta es tu Voluntad, y esta es también la mía.

Jesús mío, nos has dado la última prueba de tu amor: tu Corazón traspasado. Ya no te queda más qué hacer por nosotros. Pero he aquí, que ya se preparan a descenderte de la Cruz. Y yo, después de haber puesto todo en ti, con tus amados discípulos, quiero quitar los clavos de tus sacratísimos pies y de tus sagradas manos; y mientras te desclavo, Tú clávame toda en ti.

Jesús mío, la primera en recibirte en su regazo, bajado de la Cruz, es tu Madre dolorosa, y entre sus brazos, tu cabeza traspasada, dulcemente reposa.

Oh dulce Mamá, no desdeñes tenerme en tu compañía, y haz que también yo, junto contigo, pueda prestar los últimos servicios a mi amado Jesús. Madre mía dulcísima, es verdad que Tú me superas en el amor y en la delicadeza al tocar a mi Jesús; yo trataré de imitarte en el mejor modo posible, para complacer en todo al adorado Jesús. Por eso, juntamente con tus manos pongo las mías, y quito todas las espinas que rodean su adorable cabeza, con la intención de unir tus profundas adoraciones, con las mías.

Celestial Mamá, ya llegan tus manos a los ojos de mi Jesús, y se disponen a remover la sangre coagulada de esos ojos, que un día daban luz a todo el mundo y que ahora están oscurecidos y apagados. Oh Mamá, me uno a ti, besémoslos juntas y adorémoslos profundamente. Veo los oídos de mi Jesús, llenos de sangre, macerados por los golpes, heridos por las espinas. Hagamos penetrar, Madre, nuestras adoraciones en esos oídos, que ya no oyen y que también han sufrido tanto, por llamar a tantas almas obstinadas y sordas a las voces de la gracia. Oh dulce Mamá, veo tu rostro bañado en lágrimas, y a ti, toda llena de dolor, al ver el rostro adorable de Jesús. Uno mi dolor al tuyo, y juntas, limpiemos el fango y los salivazos que tanto lo han ensuciado. Adoremos ese rostro de majestad divina, que enamoraba al cielo y a la tierra y que ahora, ya no da señal alguna de vida.

Besemos juntas su boca, dulce Mamá, esa boca divina que con la suavidad de su palabra, ha atraído a tantas almas a su Corazón. Oh Madre, quiero con tu misma boca, besar esos labios lívidos y ensangrentados; y profundamente los adoro.

Oh dulce Mamá, junto contigo quiero besar y volver a besar, el Cuerpo adorable de Jesús, hecho toda una llaga. Juntamente contigo, pongo mis manos, para unir esos jirones de carne que en Él, aún quedan; y adorémoslo profundamente.

Besemos, oh Madre, esas manos creadoras, que han obrado por nosotros, tantos prodigios. Esas manos taladradas, que ya están frías y con la rigidez de la muerte.

Oh dulce mamá, encerremos en esas sacrosantas heridas a todas las almas, para que Jesús, al resucitar, las encuentre a todas en Él, depositadas por ti, y así no se pierda ninguna. Oh Mamá, adoremos juntas, estas profundas heridas, en nombre de todos y con todos.

Oh celestial Mamá, veo que te acercas a besar los pies de Jesús. ¡Cuán desgarradoras son estas heridas! Los clavos se han llevado gran parte de la carne y de la piel, y el peso de su santísimo cuerpo, los ha herido horriblemente. Besémoslos juntas, adorémoslos profundamente y encerremos en estas heridas, todos los pasos de los pecadores, para que cuando caminen, sientan los pasos de Jesús, que de cerca los sigue, y no se atrevan a ofenderlo.

Veo, oh dulce Mamá, que tu mirada se detiene en el Corazón del adorado Jesús. ¿Qué haremos en este Corazón? Tú me lo mostrarás, Mamá y en él me sepultarás, lo cerrarás con la piedra y lo sellarás. Y aquí adentro, depositando en él, mi corazón y mi vida, me quedaré encerrada hasta la eternidad. Dame tu amor, oh Mamá, para que con él, ame a Jesús; y dame tu dolor, para interceder con él por todos, y para reparar toda ofensa que se le haga a este Corazón.

Acuérdate, oh Mamá, que al sepultar a Jesús, quiero con tus mismas manos, ser también yo sepultada, para que después de haber sido sepultada con Él, pueda resucitar con Él y con todo lo que es suyo.

Y ahora unas palabras a ti, oh dulce Mamá: ¡Cuánto te compadezco! Con toda la efusión de mi pobre corazón, quiero reunir todos los latidos, todos los deseos y todas las vidas de las criaturas y postrarlos ante ti, en un acto del más ferviente amor y compasión.

Te compadezco, en el extremo dolor que has sufrido al ver a Jesús muerto, coronado de espinas, destrozado por los azotes y por los clavos; al ver esos ojos que ya no te miran, esos oídos que no escuchan más tu voz, esa boca que ya no te habla, esas manos que ya no te abrazan, esos pies que nunca te dejaban y que aun desde lejos, seguían tus pasos. Quiero ofrecerte el Corazón mismo de Jesús, rebosante de amor, para compadecerte como mereces y para dar un consuelo, a tus amarguísimos dolores.

VIGÉSIMA CUARTA HORA: 4 A 5 DE LA TARDE
LA SEPULTURA DE JESÚS

Dolorosa Mamá mía, ya veo que te dispones al último sacrificio: tener que dar sepultura a tu Hijo Jesús, muerto. Y resignadísima a los Quereres del cielo, lo acompañas, y con tus mismas manos, lo depones en el sepulcro. Y mientras recompones esos miembros, tratas de decirle un último adiós, de darle el último beso; y por el dolor, te sientes arrancar el corazón del pecho. El amor te deja clavada sobre esos miembros, y por la fuerza del dolor y del amor, tu vida está a punto de quedar apagada, junto con tu muerto Hijo.

Pobre Mamá, ¿cómo harás, ya sin Jesús? Él es tu vida, tu todo; y sin embargo, es el Querer del Eterno, el que así lo quiere. Ahora, tendrás que combatir con dos potencias insuperables: El amor y el Querer divino. El amor te tiene clavada, de modo que no puedes separarte, pero el Querer divino se impone y quiere este sacrificio. Pobre Mamá, ¿cómo harás? ¡Cuánto te compadezco! Ah, Ángeles del cielo, vengan a ayudarla a separarse del cuerpo muerto de Jesús, pues si no, Ella morirá.

Mas, oh prodigio, mientras parecía extinguida, juntamente con Jesús, oigo su voz temblorosa e interrumpida por sollozos, que dice: "Hijo, Hijo amado, éste era el único consuelo que me quedaba y que mitiga mis penas: tu santísima

Humanidad; desahogarme sobre estas llagas y adorarlas y besarlas. Pero ahora, también se me quita esto, porque el Querer divino así lo quiere. Y yo me resigno. Pero sabe, oh Hijo, que lo quiero, y no puedo. Al solo pensamiento de hacerlo, las fuerzas se me desvanecen y la vida me abandona. Ah permíteme Hijo, que para poder recibir fuerza y vida para esta amarga separación, me deje sepultada enteramente en ti, y que para mi vida tome tu vida, tus penas, tus reparaciones y todo lo que Tú eres. Ah, sólo un intercambio de vida entre Tú y yo, puede darme la fuerza de cumplir el sacrificio de separarme de ti".

Afligida Mamá mía, así decidida, veo que de nuevo recorres esos miembros, y poniendo tu cabeza sobre la de Jesús, la besas y en ella encierras tus pensamientos, tomando para ti, sus espinas, sus afligidos y ofendidos pensamientos, y todo lo que ha sufrido en su sacratísima cabeza. Oh, cómo quisieras animar la inteligencia de Jesús con la tuya, para poder darle vida por vida. Y ya sientes que empiezas a revivir, con haber tomado en tu mente, los pensamientos y las espinas de Jesús.

Dolorosa Mamá, te veo que besas los ojos apagados de Jesús. Y se me parte el corazón al ver que Jesús ya no te mira más. Cuántas veces esos ojos divinos, mirándote, te extasiaban en el paraíso y te hacían resucitar de la muerte a la vida. Pero ahora, al ver que ya no te miran, te sientes morir. Por eso, veo que dejas tus ojos en los de Jesús y que tomas para ti, los suyos, sus lágrimas y la amargura de esa mirada, que ha sufrido tanto, al ver las ofensas de las criaturas y tantos insultos y desprecios.

Veo que besas también, oh traspasada Mamá, sus santísimos oídos, y lo llamas y le dices: "Hijo mío, ¿pero, es posible que ya no me escuches más? Tú, que me escuchabas y que atendías, hasta el más pequeño gesto mío. Y ahora que lloro y que te llamo ¿no me escuchas? Ah, el amor verdadero, es el más cruel tirano. Tú eras para mí, más que mi propia vida. ¿Y ahora, tendré que sobrevivir a tan gran dolor? Por eso, oh Hijo, dejo mis oídos en los tuyos y tomo para mí, todo lo que han sufrido tus santísimos oídos, el eco de todas las ofensas que en ellos resonaban. Sólo esto me puede dar la vida: tus penas y tus dolores".

Y mientras esto dices, es tan intenso el dolor y las angustias en tu Corazón, que pierdes la voz y te quedas sin movimiento. ¡Pobre Mamá mía, pobre Mamá mía, cuánto te compadezco! ¡Cuántas muertes crueles, estás sufriendo!

Pero, Mamá dolorosa, el Querer divino se impone y te da el movimiento. Y Tú miras el rostro santísimo de Jesús, lo besas y exclamas: "Hijo adorado, cómo estás desfigurado. Si el amor no me dijera que eres mi Hijo, mi vida, mi todo, no sabría reconocerte. Tanto has quedado irreconocible. Tu natural belleza, se ha convertido en deformidad; tus rosadas mejillas, se han hecho violáceas; la luz, la gracia que irradiaba tu hermoso rostro (que mirarte y quedar arrobado era una misma cosa), se ha transformado en la palidez de la muerte, oh Hijo amado.

Hijo, ¿a qué has quedado reducido? Qué horrible trabajo ha realizado el pecado en tus santísimos miembros. Oh, cómo quisiera tu inseparable Mamá, devolverte tu primitiva belleza. Quiero fundir mi cara en la tuya y tomar para mí, tu rostro, las bofetadas, los salivazos, los desprecios y todo lo que has sufrido en tu rostro adorable.

Ah Hijo, si me quieres aún viva, dame tus penas, de lo contrario me muero".

Y tan grande es el dolor que te sofoca, que te corta las palabras y quedas como extinguida sobre el rostro de Jesús. ¡Pobre Mamá, cuánto te compadezco! Ángeles míos, vengan a sostener a mi Mamá, su dolor es inmenso, la inunda, la ahoga, y ya no le queda más vida, ni fuerzas. Pero el Querer divino, rompiendo estas olas de dolor que la ahogan, le restituye la vida.

Y llegas ya a su boca, y al besarla, te sientes amargar tus labios por la amargura de la hiel, que ha amargado tanto la boca de Jesús, y sollozando continúas: "Hijo mío, dile una última palabra a tu Mamá. ¿Pero es posible, que no haya de volver a escuchar nunca más, tu voz? Todas las palabras que en vida me dijiste, como otras tantas flechas, me hieren el Corazón de dolor y de amor. Y ahora, al verte mudo, estas flechas se remueven en mi lacerado Corazón, y me dan innumerables muertes; y a viva fuerza, parece que quieran arrancarte una última palabra, y no obteniéndola, me desgarran y me dicen: 'Así es, ya no lo escucharás más; no volverás a oír más sus dulces acentos, la armonía de su palabra creadora, que en ti creaba tantos paraísos, por cuantas palabras decía'. Ah, mi paraíso se terminó y no tendré sino amarguras. Ah Hijo, quiero darte mi lengua para reanimar la tuya. Ah dame lo que has sufrido en tu santísima boca, la amargura de la hiel, tu sed ardiente, tus reparaciones y tus plegarias; y así, oyendo tu voz por medio de éstas, mi dolor podrá ser más soportable, y tu Mamá podrá seguir viviendo, en medio de tus penas".

Mamá destrozada, veo que te apresuras porque los que están contigo, quieren ya cerrar el sepulcro, y casi como volando, pasas sobre las manos de Jesús, las tomas entre las tuyas, las besas, te las estrechas al Corazón y dejando tus manos en las suyas, tomas para ti los dolores y las heridas que han deshecho esas manos santísimas. Y llegando a los pies de Jesús y mirando la cruel destrucción que los clavos han hecho en sus pies, pones en ellos los tuyos y tomas para ti, esas llagas, entregándote, en lugar de Jesús a correr en busca de todos los pecadores, para arrancarlos al infierno.

Angustiada Mamá, ya veo que le dices el último adiós al Corazón traspasado de Jesús. Aquí te detienes, es el último asalto que recibe tu Corazón materno, y te lo sientes arrancar del pecho por la vehemencia del amor y del dolor, y por sí mismo se te escapa para ir a encerrarse, en el Corazón santísimo de Jesús. Y Tú, viéndote sin Corazón, te apresuras a tomar para ti, el Corazón sacratísimo de Jesús, su amor rechazado por tantas criaturas, tantos deseos suyos ardentísimos, no realizados por la ingratitud de ellas; y los dolores, las heridas que traspasan ese Corazón sagrado y que te tendrán crucificada durante toda tu vida. Y mirando esa ancha herida, la besas y tomas en tus labios su sangre, y sintiéndote la vida de Jesús, sientes las fuerzas para soportar la amarga separación. Y así, lo abrazas, te retiras, y estás a punto de permitir que sea cerrado el sepulcro con la piedra.

Pero yo, dolorosa Mamá mía, llorando te suplico que no permitas aún que Jesús nos sea quitado de nuestra mirada; espera que primero me encierre en Jesús, para tomar su vida en mí. Si no puedes vivir sin Jesús Tú, que eres la Sin Mancha, la Santa, la Llena de Gracia, mucho menos podré yo, que soy la debilidad, la miseria, la llena de pecados. ¿Cómo voy a poder vivir sin Jesús? Ah Mamá dolorosa, no me dejes sola, llévame contigo; pero antes deposítame toda en Jesús, vacíame de todo para poner a Jesús por entero en mí, así como lo has puesto en ti.

Comienza a cumplir conmigo el oficio de Madre que te dio Jesús estando en la Cruz, y abriendo mi pobreza extrema, una brecha en tu Corazón materno, enciérrame toda por completo en Jesús con tus mismas manos maternas.

Encierra los pensamientos de Jesús en mi mente, a fin de que no entre en mí, ningún otro pensamiento. Encierra los ojos de Jesús en los míos para que nunca pueda escapar yo a su mirada. Pon sus oídos en los míos, para que siempre lo escuche y cumpla en todo su santísimo Querer. Su rostro ponlo en el mío, a fin de que contemplando ese rostro tan desfigurado por amor a mí, lo ame, lo compadezca y repare. Pon su lengua en la mía, para que hable, rece y enseñe con la lengua de Jesús. Pon sus manos en las mías, para que cada movimiento que yo haga, y cada obra que realice, tomen vida en las obras y movimientos de Jesús. Sus pies ponlos en los míos, a fin de que cada paso que yo dé, sea vida, salvación, fuerza y celo para todas las criaturas.

Y ahora, afligida Mamá mía, permíteme que bese su Corazón y que beba su preciosísima Sangre. Y encerrando Tú, su Corazón en el mío, haz que pueda vivir yo de su amor, de sus deseos y de sus penas. Ahora, toma la mano derecha de Jesús, rígida ya, para que me des con ella su última bendición.

Veo que ahora ya permites que la piedra cierre el sepulcro, y Tú, destrozada, la besas y llorando dices tu último adiós a Jesús, y después te alejas del sepulcro. Pero tu dolor es tanto que quedas petrificada y helada.

Traspasada Mamá, contigo le digo adiós a Jesús, y llorando, quiero compadecerte y hacerte compañía en tu amarga desolación. Quiero ponerme a tu lado para decirte en cada suspiro tuyo, en cada dolor, una palabra de consuelo, para darte una mirada de compasión.

Recogeré tus lágrimas, y si te veo desvanecerte, te sostendré en mis brazos.

Ahora veo, que te ves obligada a volver a Jerusalén por ese mismo camino, por donde viniste. Unos cuantos pasos y te encuentras de nuevo ante la Cruz, sobre la que Jesús ha sufrido tanto y ha muerto. Corres a ella, la abrazas, y viéndola tinta en sangre, en tu Corazón se renuevan uno por uno, todos los dolores que Jesús ha sufrido sobre ella.

No pudiendo contener tu dolor, entre sollozos exclamas: "Oh! Cruz, ¿tan cruel habías de ser con mi Hijo? Ah, en nada lo has perdonado. ¿Qué mal te había hecho? No has permitido siquiera a mí, su dolorosa Mamá, que le diera un sorbo de agua al menos, cuando la pedía, y a su boca abrasada, le has dado hiel y vinagre. Sentía yo licuárseme el Corazón traspasado y hubiera querido dar a aquellos labios, mi Corazón licuefacto para calmar su sed, pero tuve el dolor de verme rechazada.

Oh Cruz, cruel, sí, pero santa, porque has sido divinizada y santificada al contacto de mi Hijo. Esa crueldad que usaste con Él, cámbiala en compasión hacia los miserables mortales, y por las penas que Él ha sufrido sobre ti, obtén gracia y fortaleza para las almas que sufren, para que ninguna se pierda por causa de cruces y tribulaciones. Mucho me cuestan las almas, me cuestan la vida de un Hijo Dios, y Yo, como Madre y corredentora, las confío todas a ti, oh Cruz".

Y besándola y volviéndola a besar, te alejas. ¡Pobre Mamá, cuánto te compadezco! A cada paso y encuentro, surgen nuevos dolores, que haciendo más grande su inmensidad y su amargura, te inundan como oleadas, te ahogan y a cada momento te sientes morir.

Pocos pasos más, y llegas al sitio donde esta mañana lo encontraste, bajo el enorme peso de la Cruz; agotado, chorreando sangre, con un manojo de espinas en la cabeza; las cuales, a los golpes de la Cruz, penetraban más y más, y en cada golpe, le procuraban dolores de muerte.

La mirada de Jesús, cruzándose con la tuya, buscaba piedad, pero los soldados, para privar de ese consuelo a Jesús y a ti, lo empujaron y lo hicieron caer, haciéndole derramar nueva sangre. Y ahora, viendo la tierra empapada, te postras por tierra, y mientras besas esa Sangre, te oigo decir: "Ángeles míos, vengan a hacer guardia a esta Sangre, para que ninguna gota sea pisoteada ni profanada".

Mamá dolorosa, déjame que te dé la mano para levantarte y sostenerte, porque te veo que agonizas en la Sangre de Jesús.

Pero al proseguir tu camino, nuevos dolores encuentras. Por doquier ves huellas de su Sangre y recuerdas el dolor de Jesús. Por eso apresuras tus pasos y te encierras en el Cenáculo. Yo también me encierro en el Cenáculo, pero mi Cenáculo sea el Corazón santísimo de Jesús, y desde su Corazón, quiero venir a tus rodillas maternas, para hacerte compañía en esta Hora de amarga desolación. No resiste mi corazón dejarte sola en tanto dolor.

Desolada Mamá, mira a esta pequeña hija tuya. Soy demasiado pequeña, y sola no puedo ni quiero vivir. Tómame sobre tus rodillas y estréchame entre tus brazos maternos, haz conmigo de Mamá.

Tengo necesidad de guía, de ayuda, de sostén. Mira mi miseria y derrama sobre mis llagas, una lágrima tuya; y cuando me veas distraída, estréchame a tu Corazón materno, y en mí, vuelve a llamar la vida de Jesús.

Pero mientras esto te suplico, me veo obligada a detener-me para poner atención a tus acerbos dolores y siento que el corazón se me rompe al ver, que al mover tu cabeza, sientes que te penetran más las espinas que has tomado de Jesús, con las punzadas de todos nuestros pecados de pensamien-to, que penetrándote hasta en los ojos, te hacen derramar lágrimas de sangre.

Mientras lloras, teniendo en los ojos la vista de Jesús, des-filan ante tu vista todas las ofensas de las criaturas. ¡Cómo sientes su amargura! ¡Cómo comprendes lo que Jesús ha su-frido, teniendo en ti, sus mismas penas! Pero un dolor no espera al otro, y poniendo atención en tus oídos, te sientes aturdir por el eco de las voces de las criaturas, y según cada especie de voces ofensivas de las criaturas, te los hieren; y Tú repites una vez más: "Hijo, cuánto has sufrido".

Desolada Mamá, ¡cuánto te compadezco! Permíteme que te limpie tu rostro todo bañado en lágrimas y en Sangre. Pero me siento retroceder al verlo ahora violáceo, irreconoci-ble y pálido, con una palidez mortal. Ah, comprendo, son los malos tratos que le han dado a Jesús, que has tomado sobre ti y que te hacen sufrir tanto, que al mover tus labios en tu oración, o para dejar escapar suspiros de fuego de tu pecho, siento tu aliento amarguísimo, y tus labios abrasados por la sed de Jesús.

¡Pobre Mamá mía, cuánto te compadezco! Tus dolores parece que van creciendo cada vez más, y parecen darse la mano entre ellos. Tomando tus manos en las mías, las veo traspasadas por clavos. En ellas, precisamente sientes el do-lor al ver los homicidios, las traiciones, los sacrilegios y to-das las obras malas que repiten los golpes, agrandando las llagas y exacerbándolas cada vez más.

¡Cuánto te compadezco! Tú eres la verdadera Madre crucificada, hasta el punto que ni siquiera tus pies quedan sin clavos; más aún, no sólo te los sientes clavar, sino también como arrancar, por tantos pasos inicuos, y por las almas que se van al infierno. Tú corres tras ellas para que no se precipiten en las eternas llamas infernales.

Pero no es todavía todo, crucificada Mamá. Todas tus penas, reuniéndose juntas, resuenan haciendo eco en tu Corazón, y te lo traspasan, no con siete espadas, sino con miles de espadas. Y mucho más, porque teniendo en ti el Corazón divino de Jesús, que contiene a todos los corazones y envuelve en su latido los latidos de todos, ese latido divino va diciendo en sus latidos: "Almas, Amor". Y Tú, en ese latido que dice "Almas", sientes correr en tus latidos, todos los pecados, y sientes dar la muerte por cada uno de ellos. Y en ese otro latido que dice "Amor", te sientes dar la vida, de manera que estás en un acto continuo de muerte y vida.

Crucificada Mamá, mirándote, compadezco tus dolores, éstos son inenarrables. Quisiera transformar mi ser en lengua, en voz para compadecerte, pero ante tantos dolores, mis compadecimientos son nada. Por eso llamo a los Ángeles, a la Trinidad sacrosanta, y les ruego que pongan en torno a ti, sus armonías, sus contentos, sus bellezas, para que endulcen y compadezcan tus intensos dolores. Que te sostengan entre tus brazos y que te devuelvan todas tus penas, convertidas en amor.

Y ahora, desolada Mamá, gracias en nombre de todos, por todo lo que has sufrido. Y te ruego, por ésta tan amarga desolación tuya, que me vengas a asistir en la hora de mi muerte, cuando mi pobre alma se encontrará sola, abandonada de todos, en medio de mil angustias y temores.

Ven Tú entonces, a devolverme la compañía que tantas veces, te he hecho en mi vida. Ven a asistirme, ponte a mi lado y ahuyenta al enemigo. Lava mi alma con tus lágrimas, cúbreme con la Sangre de Jesús, revísteme con sus méritos, embelléceme con tus dolores y con todas las penas y las obras de Jesús. Y en virtud de sus penas y de sus dolores, haz desaparecer de mí, todos mis pecados, dándome el total perdón. Y al expirar mi alma, recíbeme entre tus brazos y ponme bajo tu manto. Ocúltame a la mirada del enemigo, llévame en un vuelo al cielo y ponme en los brazos de Jesús. Quedemos en este acuerdo, querida Mamá mía.

Y ahora te ruego, que les hagas la compañía que te he hecho hoy, a todos los moribundos presentes y futuros, a todos hazles de Madre. Son los momentos extremos y se necesitan grandes auxilios, por eso, a ninguno niegues tu oficio materno.

Y por último unas palabras: mientras te dejo, te ruego que me encierres en el Corazón sacratísimo de Jesús, y Tú, doliente Mamá mía, hazme de centinela para que Jesús no me tenga que echar fuera de su Corazón, y para que yo, ni aun queriendo, pueda salir jamás.

Ahora, te beso tu mano materna y Tú dame tu bendición.

Amén.

Promesas de Jesús al meditar las Horas de su Pasión

9 de noviembre de 1906

"Hija mía, quien está siempre rumiando mi Pasión, y siente dolor y me compadece, me agrada tanto que me siento como retribuido por todo lo que sufrí en el curso de mi Pasión [...] Así que, si durante mi pasión me dieron sogas y cadenas para atarme, el alma me desata y me da la libertad. Ellos me despreciaron, me escupieron y me deshonraron, ella me aprecia, me limpia los salivazos y me honra. Ellos me desnudaron y me flagelaron, ella me cura y me viste. Ellos me coronaron de espinas, tratándome como rey de burla, me amargaron la boca con hiel y me crucificaron; el alma, rumiando todas mis penas, me corona de gloria y me honra como su Rey, me llena la boca de dulzura, dándome el alimento más exquisito, como es el recordarse de mis mismas obras, y me desclava de la Cruz y me hace resucitar en su corazón, y cada vez que lo hace le doy como recompensa, una nueva vida de gracia; de manera que ella es mi alimento y yo me hago su alimento continuo".

10 de abril de 1913

"Hija mía, estas Horas no las veré como cosas de ustedes, sino como cosas hechas por mí, y les daré mis mismos méritos, como si yo estuviera sufriendo en acto mi pasión, y así les haré obtener los mismos efectos, según la disposición de las almas; esto en la tierra, y por lo cual, mayor bien no podría darles. Después, en el cielo, a estas almas las pondré frente a mí, flechándolas con flechas de amor y de felicidad, por cuantas veces hayan hecho las Horas de mi Pasión, y ellos también me flecharán. ¡Qué dulce encanto será esto, para todos los Bienaventurados!".

6 de septiembre de 1913

"Hija mía, con las oraciones que tienen indulgencias se gana cualquier cosa. En cambio, las Horas de mi Pasión, que son mis mismas oraciones, mis reparaciones, y son todo amor, han salido precisamente del fondo de mi Corazón. ¿Acaso has olvidado cuántas veces me he unido a ti para hacerlas juntos, y he transformado los flagelos en gracias sobre toda la tierra? Por lo tanto, es tal y tanta mi complacencia, que en vez de indulgencia le doy un montón de amor, que contiene precio incalculable de infinito valor; y además, cuando las cosas se hacen por puro amor, mi amor encuentra el desahogo, y no es indiferente que la criatura dé consuelo y desahogo al amor del Creador".

Octubre de 1914

"Si las hacen (las Horas) junto conmigo y con mi misma Voluntad, por cada palabra que repitan, les daré un alma, porque toda la mayor o menor eficacia de estas Horas de mi Pasión, está en la mayor o menor unión que tengan conmigo. Y haciéndolas con mi Voluntad, la criatura se esconde en mi Voluntad, y obrando mi Voluntad puedo hacer todos los bienes que quiero, aun por medio de una sola palabra. Y esto, cada vez que las hagan".

Pocas almas meditan estas Horas: "Hija mía, no te lamentes, aunque fuera sólo uno, deberías estar feliz. ¿No hubiera yo sufrido toda mi Pasión aunque una sola alma se debiera salvar?".

"Todo el mal es para los que, pudiendo, no lo hacen. Estas Horas son las más preciosas de todas, porque no son otra cosa que repetir lo que hice en el curso de mi vida mortal y lo que continúo haciendo en el santísimo Sacramento. Cuando escucho estas Horas de mi Pasión, escucho mi misma voz, mis mismas oraciones, veo mi Voluntad en esa alma, cual es la de querer el bien de todos, y de reparar por todos; y yo me siento transportado a vivir en ella, para poder hacer en ella lo que ella misma hace. Oh, cuánto me gustaría que aunque sea una sola por país, hiciera estas Horas de mi Pasión. Me escucharía a mí mismo en cada país, y mi justicia, en estos tiempos tan despreciada, quedaría en parte aplacada".

Jesús le pide que medite la Hora en que la Madre celestial dio sepultura: "Hija mía, no quiero que la dejes; la harás por amor a mí, en honor de mi Madre. Debes saber que cada vez que la haces, mi Madre se siente como si estuviera en persona en la tierra repitiendo su vida. Por lo tanto, ella recibe esa gloria y amor que me dio sobre la tierra; sus ternuras maternas, su amor, y toda la gloria que me dio. Por lo tanto, te estimaré como Madre".

4 de noviembre de 1914

"Es verdad que mis Santos han meditado en mi Pasión y han comprendido cuánto he sufrido, y se han soltado en lágrimas de compasión, de tal manera que se sienten consumir de amor por mis penas, pero sin embargo, no lo han hecho de una manera continua ni siempre repetida en este mismo orden. Así que tú eres la primera que me da este gusto tan grande y especial, y vas desmenuzando en ti, Hora tras Hora, mi vida y lo que sufrí. Y yo me siento tan atraído, que Hora tras Hora te doy el alimento y como contigo el mismo alimento, y hago junto contigo, lo que tú haces. Debes saber sin embargo que te recompensaré abundantemente con nueva luz y nuevas gracias, y aun después de tu muerte, cada vez que sean hechas por las almas sobre la tierra estas Horas de mi Pasión, yo en el cielo te cubriré siempre con nueva luz y gloria".

6 de noviembre de 1914

"Hija mía, al hacer estas Horas, el alma toma mis pensamientos y los hace suyos, mis reparaciones, las oraciones, los deseos, los afectos, aun mis más íntimas fibras, y las hace suyas. Y elevándose entre el cielo y la tierra, hace mi mismo oficio, y como corredentora dice junto conmigo: *Ecce ego, mitte me* (Aquí estoy, envíame). Quiero reparar por todos, corresponder por todos y pedir el bien para todos".

23 de abril de 1916

"Hija mía, cada pena que sufrí, cada gota de sangre, cada llaga, oración, palabra, acción, paso, etc., produjo una luz en mi Humanidad, que me embellecía de tal modo que tenía cautivados a todos los bienaventurados. El alma, en cada pensamiento de mi Pasión, compasión, reparación, etc. que hace, no hace otra cosa, que tomar luz de mi Humanidad, embelleciéndose a mi semejanza. Así que un pensamiento más de mi Pasión, será una luz más, que le traerá un gozo eterno".

13 de octubre de 1916

"Hija mía, en el curso de mi vida mortal, millares y millares de Ángeles cortejaban mi Humanidad y recogían todo lo que yo hacía: los pasos, las obras, las palabras, aun los suspiros, las penas, las gotas de mi sangre, en suma todo. Eran Ángeles encargados de mi custodia, de rendirme honores, obedientes a todas mis señales; subían y bajaban del cielo, para llevar a Padre lo que yo hacía. Ahora estos Ángeles tienen un oficio especial, y cuando una alma hace memoria de mi vida, de mi Pasión, de mis oraciones, se ponen alrededor de esta alma y recogen sus palabras, sus oraciones, las compasiones que me hace, las lágrimas, las ofrendas; las unen a las mías, y las llevan ante mi Majestad, para renovarme la gloria de mi misma vida. Y es tanto el agrado de los Ángeles, que reverentes, están atentos a escuchar lo que el alma dice, y oran junto con ella. Por eso, con qué atención y respeto debe el alma hacer estas Horas, pensando que los Ángeles están pendientes de sus labios para repetir a su lado lo que ella dice".

"Ante las tantas amarguras que las criaturas me dan, estas Horas son los pequeños sorbos dulces que me dan las almas; pero son tantos los sorbos amargos que recibo y tan pocos los dulces. Por eso, ¡más difusión, más difusión!".

9 de diciembre de 1916

"Hija mía, no engrandezcas mis penas con tus preocupaciones. Ya son demasiadas; yo no espero esto de ti. Es más, quiero que hagas tuyas mis penas, mis oraciones, todo yo mismo, de manera que yo pueda encontrar en ti otro yo mismo. En estos tiempos quiero grandes satisfacciones, y sólo quien me hace suyo me las puede dar. Y lo que en mí encontró el Padre, es decir, gloria, complacencia, amor, satisfacción completa, perfecta, a bien de todos, yo lo quiero encontrar en estas almas, como otros tantos que se me asemejen. Y estas intensiones, las debes repetir en cada Hora de la Pasión que hagas, en cada acción, en todo. Y si yo no encuentro mis satisfacciones, ah, se acabó para el mundo. Lloverán castigos a torrentes. Ah, hija mía".

2 de febrero de 1917

"Hija mía, el mundo se ha desequilibrado porque ha perdido el pensamiento de mi Pasión. En las tinieblas no ha encontrado la luz de mi Pasión que le daba claridad, que dándole a conocer mi amor y cuántas penas me cuestan las almas, podía volver a amar a quien verdaderamente la ha amado; y la luz de mi pasión, guiándolo, lo ponía al seguro de todos los peligros. En la debilidad no ha encontrado la fuerza de mi Pasión que lo sostiene; en la impaciencia no ha encontrado el espejo de mi paciencia que le infunde la calma, la resignación, ya que frente a mi paciencia, avergonzándose, se empeña en dominarse a sí mismo. En las penas no ha encontrado el consuelo de las penas de un Dios, que sosteniendo las suyas, le infunde amor al sufrimiento. En el pecado no ha encontrado mi santidad, que haciéndole frente, le infunde el odio a la culpa. Ah, en todo ha abusado el hombre, porque se ha apartado en todo de quien puede ayudarlo. Por lo tanto, el mundo ha perdido el equilibrio. Ha hecho como un niño que ya no ha querido reconocer a su madre. Como un discípulo que, desconociendo al maestro, no ha querido escuchar ya sus enseñanzas, ni aprender sus lecciones. ¿Cuál será la suerte de este niño y de este discípulo? Serán el dolor de ellos mismos, y el terror y el dolor de la sociedad. En esto se ha convertido el hombre: terror y dolor, pero dolor sin piedad. Ah, el hombre empeora, empeora siempre, y yo lo lloro con lágrimas de Sangre".

16 de mayo de 1917

"Hija mía, cada vez que la criatura se funde en mí, le da a todas las criaturas un flujo de vida divina y ellas, conforme lo van necesitando, obtienen su efecto: quien es débil siente la fuerza; quien vive obstinado en la culpa recibe la luz; quien sufre, recibe consuelo; y así de todo lo demás".

Almas que parecían ser del purgatorio y santos, me decían: "Él (Jesús) se siente como feliz al ver que no hay alma que entre en el Purgatorio que no lleve el sello de las Horas de la Pasión, y ayudada y rodeada por el cortejo de estas Horas, toma sitio en un lugar seguro. No hay alma que vuele al paraíso que no sea acompañada por estas Horas de la Pasión. Estas Horas hacen llover del cielo un continuo rocío sobre la tierra, en el Purgatorio e incluso en el cielo".

"Estas Horas son el orden del universo, ponen en armonía el cielo y la tierra, y hacen que no pueda destruir el mundo".

12 de julio de 1918

Rezaba con temor y ansiedad, por un alma moribunda, y Jesús me dijo: "Hija mía, ¿por qué temes? ¿No sabes tú que por cada palabra sobre mi Pasión, cada pensamiento, cada compasión, cada reparación y recuerdo de mis penas, se establecen tantas comunicaciones, como de electricidad, entre el alma y yo, y por lo tanto el alma se va adornando con tantas múltiples y diferentes clases de bellezas? Esta alma ha hecho las Horas de mi Pasión, y yo la recibiré como hija de mi Pasión, vestida y adornada con mis llagas. Esta flor ha crecido en tu corazón y yo la bendigo y la recibo en el mío como una flor predilecta".

21 de octubre de 1921

"Hija mía, cada vez que el alma piensa en mi Pasión [...] surge mi Sangre para inundarla y mis llagas se ponen en camino para sanarla si está llagada, o para embellecerla si está sana, y todos mis méritos también, para enriquecerla.

El negocio que hace es sorprendente, es como si pusiera en un banco todo lo que yo hice y sufrí y ganara el doble. [...] Pero, ¡qué pocos son los que hacen tesoro de ella! A pesar de todo el bien que contiene mi Pasión se ven almas débiles, ciegas, sordas, mudas, cojas, cadáveres vivientes que dan asco. ¿Y por qué? porque se han olvidado de mi Pasión. Mis penas, mis llagas, mi Sangre son fortaleza que quita las debilidades, son luz que les da la vista a los ciegos, son lengua que desata las lenguas y que abre los oídos, son camino que endereza a los cojos, son vida que resucita a los muertos.

Todos los remedios que la Humanidad necesita se encuentran en mi vida y en mi Pasión, pero las criaturas desprecian la medicina y no se preocupan de los remedios. Por eso se ve que a pesar de todos los bienes encerrados en mi redención, el hombre perece en su estado como afectado por una enfermedad incurable; pero lo que más me duele, es ver a personas religiosas que se fatigan por la adquisición de doctrinas, de especulaciones, de historias, pero de mi Pasión nada, de manera que mi Pasión muchas veces está lejos de las Iglesias, de la boca de los sacerdotes, por lo que sus palabras no infunden luz, de manera que los pueblos se quedan en ayunas más que antes".